Petia Jacobs

Bulgarien als Absatzmarkt für deutsche Lebensmittel-Discounter

Entwicklung einer Markteintrittskonzeption

Jacobs, Petia: Bulgarien als Absatzmarkt für deutsche Lebensmittel-Discounter:
Entwicklung einer Markteintrittskonzeption, Hamburg, Diplomica Verlag GmbH

Umschlagsgestaltung: Diplomica Verlag GmbH, Hamburg
Umschlagsmotiv: © maconga - Fotolia.com

ISBN: 978-3-8366-8768-3

© Diplomica Verlag GmbH, Hamburg 2010

Bibliografische Information der Deutschen Nationalbibliothek:

Die Deutsche Nationalbibliothek verzeichnet diese Publikation
in der Deutschen Nationalbibliografie;
detaillierte bibliografische Daten sind im Internet über
http://dnb.d-nb.de abrufbar.

Die digitale Ausgabe (eBook-Ausgabe) dieses Titels trägt die
ISBN 978-3-8366-3768-8 und kann über den Handel oder
den Verlag bezogen werden.

Dieses Werk ist urheberrechtlich geschützt. Die dadurch begründeten Rechte,
insbesondere die der Übersetzung, des Nachdrucks, des Vortrags, der Entnahme von
Abbildungen und Tabellen, der Funksendung, der Mikroverfilmung oder der
Vervielfältigung auf anderen Wegen und der Speicherung in Datenverarbeitungsanlagen,
bleiben, auch bei nur auszugsweiser Verwertung, vorbehalten. Eine Vervielfältigung
dieses Werkes oder von Teilen dieses Werkes ist auch im Einzelfall nur in den Grenzen
der gesetzlichen Bestimmungen des Urheberrechtsgesetzes der Bundesrepublik
Deutschland in der jeweils geltenden Fassung zulässig. Sie ist grundsätzlich
vergütungspflichtig. Zuwiderhandlungen unterliegen den Strafbestimmungen des
Urheberrechtes. Die Wiedergabe von Gebrauchsnamen, Handelsnamen,
Warenbezeichnungen usw. in diesem Werk berechtigt auch ohne besondere
Kennzeichnung nicht zu der Annahme, dass solche Namen im Sinne der Warenzeichen-
und Markenschutz-Gesetzgebung als frei zu betrachten wären und daher von jedermann
benutzt werden dürften. Die Informationen in diesem Werk wurden mit Sorgfalt
erarbeitet. Dennoch können Fehler nicht vollständig ausgeschlossen werden und die
Diplomica GmbH, die Autoren oder Übersetzer übernehmen keine juristische
Verantwortung oder irgendeine Haftung für evtl. verbliebene fehlerhafte Angaben und
deren Folgen.

Vorwort des Herausgebers

Schaut man sich die Anfänge des Projektmanagements an, so wird von Historikern und Nostalgikern gleichermaßen gern auf die Architekturwunder längst ausgestorbener Hochkulturen verwiesen. Der Bau der Pyramiden der alten Ägypter, Azteken und Maya war sicherlich einer der ersten Ansätze erfolgreichen Projektmanagements, ohne dass die Betroffenen bereits das heutige Vokabular dafür nutzten.

Aus den Großprojekten der heutigen Zeit, insbesondere aus dem Kraftwerksbau und dem amerikanischen Luft- und Raumfahrtprogramm entwickelte sich dann eine Form des Projektmanagements, die leider nur auf sehr schmalen Füßen den Weg in die Unternehmen fand. Lange Zeit sah die weit verbreitete Praxis so aus, dass man mit der Benennung eines Projektleiters und der Bereitstellung einer EDV-basierten Terminplanung schon die organisatorischen und toolseitigen Ansprüche des Projektmanagements erfüllt glaubte. In kleineren Unternehmen, die keine ausgesprochene Projektorganisation haben, sondern Projekte noch immer in Reinkultur als eine „… einmalige, neuartige …" u.s.w Aufgabenstellung ansehen, sind das teilweise noch heute die Hauptgestaltungsparameter der Projektarbeit.

Und dann passierten in kurzer zeitlicher Folge drei Dinge, die dem Projektmanagement eine weltweit sehr große und bis heute noch weiter steigende Bedeutung zukommen ließen. Wir wollen es

- Professionalisierung
- Parallelisierung und
- Internationalisierung

nennen.

Mit der Professionalisierung entstand in erster Linie der deutlich ausgebaute Methodenkanon, der sich heute hinter dem Projektmanagement verbirgt. Neben der Termin- und Ressourcenplanung einerseits und der Budgetplanung und -kontrolle anderseits sind Themen wie das Risikomanagement (inzwischen eigenständig normiert in der DIN 31.000), das Konfigurations- und Änderungsmanagement (insbesondere in Projekten der variantenreichen Produktentwicklung), das Requirements Management (als Fortsetzung des Wechselspiels von Lasten- und Pflichtenheft an der Schnittstelle zum Kunden) und viele andere Dinge entstanden. Die Deutsche Gesellschaft für Projektmanagement (GPM e.V.) hat bereits frühzeitig mit einem vierbändigen Standardwerk reagiert und die Professionalisierung des Projektmanagements auf über 2.500 Seiten strukturiert, systematisiert und dokumentiert.

Mit der Parallelisierung von Projekten entwickelten sich hingegen neue Disziplinen, die sich heute u.a. unter den Begriffen Multiprojektmanagement, Projektportfoliomanagement und Programmmanagement etabliert haben. Über die Vielzahl von Projekten ist nicht nur das Projektmanagement selbst, sondern auch die Projektorganisation erwachsen geworden. Viele

Unternehmens-, vor allem Entwicklungsbereiche sowie teilweise komplette Unternehmen haben inzwischen auf die Projektorganisation umgestellt. In kreativer Anwendung und Weiterentwicklung des (Geschäfts-)Prozessmanagements haben sich Projektprozesse entwickelt und als Prozesstemplates etabliert. Diese stehen inzwischen für die serielle wie auch parallele Wiederverwendung bei hoher Wiederholhäufigkeit bereit und beschleunigen die weitere Parallelisierung von Projekten zunehmend.

Der Internationalisierung des Projektmanagements, dem dritten identifizierten Langzeittrend, wollen wir diese Buchreihe widmen. „Internationale und interkulturelle Projekte erfolgreich umsetzen" ist eine Herausforderung der besonderen Art. Neben den beiden erstgenannten Aspekten der Parallelisierung und Professionalisierung des Projektmanagements – beides ist weitgehend rational beschreibbar, erlebbar und quantitativ bewertbar – nimmt die Internationalisierung eine Sonderstellung ein. Kunden oder Auftraggeber sitzen im Ausland, was in der exportstarken Nation Deutschland keine Besonderheit ist. Entwicklungs- und Produktionsstätten werden nach Asien oder Südosteuropa verlagert, was auf Grund des Lohngefälles auch nicht neu ist. Unternehmen, die den deutschen Markt in zunehmender Sättigung erleben (z.B. Lebensmitteldiscounter) gehen ebenso ins Ausland wie Untenehmen, deren Technologie einzigartig und weltführend ist (z.B. die Erneuerbaren Energien). Dazu kommen politische Entscheidungen der Gründung oder Förderung multinationaler Allianzen, wie wir es bei EADS erleben. Last but not least ändern sich die Rahmenbedingungen außerhalb Deutschlands auch stetig derart, dass grenzüberschreitende Zusammenarbeit eher erleichtert, statt erschwert wird (Marktwachstumspotentiale in Indien, zunehmende Öffnung von China, EU-Osterweiterung, Euro-Einführung, etc.).

Wenn Chancen und Potentiale erkannt sind, startet i.d.R. ein Projekt. Wenn sie (noch) nicht erkannt sind, startet ein Pilot- oder Evaluierungsprojekt. Und sobald der Projektstart eine internationale Komponente hat, verlängert sich sofort und signifikant die Liste der kritischen Erfolgsfaktoren. Ganz offensichtliche Aspekte wie das unpersönliche Zusammenarbeiten über große Entfernungen, die Sprachbarrieren, das entkoppelte Agieren in unterschiedlichen Zeitzonen und ergänzende, ggf. sogar widersprüchliche Gesetzesforderungen u.ä, sind dabei noch die geringsten Probleme. Zahlreiche schwerer zu identifizierende und dadurch auch deutlich schwerer zu lösende Herausforderungen ergeben sich aus wechselnden sozialen Strukturen und kulturellen Rahmenbedingungen.

Dem Pauschaltouristen mag die Bemerkung im Reiseführer genügen, dass „... der Asiate ständig wirkt, als würde er lächeln." Wer aber in eine internationale Projektgruppe integriert ist, vielleicht sogar umfassende Projektverantwortung trägt, dem stellt sich gleich eine ganze Reihe von Fragen bzgl. der Auswirkungen von Internationalität. Wo und wann brauchen wir mehr Zeit als in nationalen Projekten und wieviel genau mehr? Brauchen wir punktuell mehr Budget und wo können wir dies wieder einsparen? Wie machen sich erschwerte Kommunikationsbedingungen in der Projektplanung bemerkbar und wie kann aktiv steuernd darauf eingewirkt werden? Welche neuen, bisher nie erlebten Potentiale ergeben sich in einer internationalen, multikulturellen Projektumgebung?

Auf all diese Fragen gibt es leider noch nicht hinreichend viele gute, vor allem noch keine strukturierten oder gar quantifizierten Antworten. Aber es gibt bereits sehr viele wertvolle Erfahrungen. Genau diese möchten wir mit dieser Schriftenreihe zur Verfügung stellen. Wir möchten Studien und Projektberichte veröffentlichen, die helfen, aus den Fehlern und den Erfolgen anderer zu lernen. Ohne selbst den Stein der Weisen außerhalb der Grenzen Deutschlands gefunden zu haben, möchten wir Beispiele und Anregungen geben, wie Sie „Internationale und interkulturelle Projekte erfolgreich umsetzen" können. Deshalb haben wir diese Schriftenreihe so genannt.

Steffen Rietz
GPM-Fachgruppe für Projekt- und Prozessmanagement
Lehrstuhl für Technisches Projektmanagement an der FHW

Vorwort

Das vorliegende Werk zum Thema "Bulgarien als Absatzmarkt für deutsche Lebensmittel-Discounter" richtet sich an Studierende der Fächer Marketing und Handelsbetriebslehre ebenso wie an Praktiker mit dem Aufgabengebiet der internationalen Expansion von Lebensmittel-Discountunternehmen, speziell auf dem Absatzmarkt Bulgarien.

Auf Grund der harten Konkurrenzsituation auf dem deutschen Lebensmittelmarkt, auf dem Marktanteilszugewinne nur noch mit wesentlichen preispolitischen Zugeständnissen realisiert werden können, ist für deutsche Handelsunternehmen und -gruppen die Investition in den Aufbau von Vertriebsnetzen im Ausland ein probates Mittel, um die eigene Marktposition zu sichern und auszubauen. Durch den Beitritt früherer Ostblockländer zur Europäischen Gemeinschaft haben sich die dortigen Bedingungen für Markterschließungsaktivitäten entscheidend verbessert. Die geringere Wettbewerbsintensität in Verbindung mit wachsendem Bedarf und steigendem Einkommen stellen hervorragende Voraussetzungen für den Expansionserfolg dar. Insbesondere der deutsche Discount zeigt sich mit seinen ausgereiften Konzepten dem Wettbewerb in Ländern wie beispielsweise der tschechischen Republik, Polen, Ungarn, Slowakei und Bulgarien überlegen. Mehrere deutsche Discounter planen aus diesen Gründen einen Markteintritt in diesen Ländern oder haben diesen bereits vollzogen. Für Discountunternehmen in der Planungsphase bietet das vorliegende Werk eine überaus nützliche Orientierungshilfe.

In systematischer Weise werden die Erfolgsfaktoren analysiert, die für einen Markteintritt deutscher Discounter auf dem bulgarischen Markt maßgeblich sind. Im Einzelnen werden untersucht die Ziele und Strategien des Markteintritts, die für die Zielerreichung relevanten Einflussfaktoren, die im Rahmen des Marketing-Mix einzusetzenden Instrumente sowie die in der Implementierungsphase bedeutsamen Konzepte der Marketingorganisation und des Marketingcontrolling. Durch die kulturelle wie sprachliche Verbundenheit der Autorin mit dem deutschen wie auch dem bulgarischen Markt war die Erschließung einer Fülle einschlägiger Fakten möglich, die gerade auch für den Handelspraktiker von großem Nutzen sein werden. Die daraus abgeleiteten operationalen Handlungsempfehlungen sind für deutsche Discounter, die eine Expansion auf den bulgarischen Markt planen, von erheblichem Wert. Nicht zuletzt bieten auch die zahlreichen weiterführenden Literaturhinweise Gelegenheit zur Vertiefung der benötigten Informationsbasis.

Der Neuerscheinung der Autorin wünsche ich den Erfolg, den ihre akribische Analyse der Fakten und ihre realitätsnahen und anwendungsorientierten Maßnahmenempfehlungen verdienen. Den Lesern, vor allem jenen aus der Handelspraxis, wünsche ich, dass sie aus dem vorliegenden Werk Nutzen ziehen und damit ihre Expansionsaktivitäten mit dem erhofften Erfolg realisieren können.

Prof. Dr. Michael Lerchenmüller, Nürtingen, im November 2009

Herausgeber:

Prof. Dr.-Ing. Steffen Rietz
Deutsche Gesellschaft für Projektmanagement (GPM) e.V.
mail to: projekt-prozessmanagement@gpm-ipma.de

c/o FHW, Fachhochschule Westküste
Fachgebiet Technisches Projektmanagement
Fritz-Thiedemann-Ring 20
25746 Heide /Holst.

Prof. Dr. Rietz ist seit über 15 Jahren in der permanenten methodischen Weiterentwicklung und praktischen Anwendung des Prozess- und Projektmanagements aktiv. Nach der Leitung einiger Forschungs- und industrienaher Beratungsprojekte für das produktionstechnisch orientierte Fraunhofer-Institut für Fabrikbetrieb und -automatisierung übernahm er die Leitung des Fertigungsbereiches eines innovativen mittelständischen Halbleiterherstellers.

Mit dem Wechsel zu einem der großen deutschen, international tätigen Automobilzulieferer übernahm Steffen Rietz zentrale Verantwortung für Projektmanagementmethoden und Entwicklungsprozesse. Aus verschiedenen leitenden Positionen heraus verantwortete er die methodische Optimierung des Projekt- und Prozessmanagements im Entwicklungsbereich, gestaltete und automatisierte maßgeblich den Produktentstehungsprozess für hochkomplexe mechatronische Produkte. Das beinhaltete zunehmend auch dessen Implementierung in standortübergreifende Entwicklungsprojekte und an verschiedenen internationalen Entwicklungsstandorten.

Inzwischen hat Prof. Dr. Rietz den Lehrstuhl für Technisches Projektmanagement im Fachbereich Technik der FHW, Fachhochschule Westküste übernommen und ist Leiter der GPM-Fachgruppe für Projekt- und Prozessmanagement der Deutschen Gesellschaft für Projektmanagement e.V.

Schwerpunkt der heutigen Arbeit ist die Schnittstelle von Projekt- und (Geschäfts-)Prozessmanagement, deren Anwendung und Optimierung, vorwiegend im qualitätssichernden Umfeld der Produktentwicklung und nicht zuletzt die schrittweise Integration der durch die Globalisierung stark anwachsenden internationalen und interkulturellen Aspekte im Projekt- und Multiprojektmanagement.

Herr Rietz ist Mitinitiator des PM-Awards für Projekt- und Prozessmanagement, seit 2006 regelmäßiges Mitglied in der Gutachterkommission des inzwischen im gesamten deutschsprachigen Raum etablierten PM-Awards und arbeitet im Normenausschuss des DIN aktiv an der Neufassung der DIN-Norm zum Projektmanagement mit.

Autor:

Petia Jacobs, Dipl.-Betriebswirtin (FH)
www.petiajacobs.de

Petia Jacobs wurde 1977 in Sofia (Bulgarien) geboren. Bereits in ihrer Jugend zeigte sie ihr Interesse am Handel und wählte im Rahmen ihres Abiturs die Fachrichtungen Wirtschaft, Management und Finanzen des Handels. Durch ihre mehrjährige Berufspraxis (1996-2000) in Sofia (Bulgarien) im Vertrieb und Management eines Textileinzelhandels sowie durch das Lebensmittelgeschäft ihrer Eltern in Pirdop (Bulgarien) hat sie einen tieferen Brancheneinblick gewonnen. Ihr Interesse an der Handelsbranche wurde weiter durch die sehr spannenden und lehrreichen Vorlesungen zur Handelsbetriebslehre in ihrem Hauptstudium gefestigt.

Seit 2000 lebt Petia Jacobs in Deutschland. Im Rahmen ihres wirtschaftswissenschaftlichen Studiums an der Hochschule für Wirtschaft und Umwelt Nürtingen-Geislingen hat sie 2009 den Abschluss als Dipl.-Betriebswirtin (FH) mit den Schwerpunkten Handelsbetriebs-, Bankwirtschaftslehre und Immobilienwirtschaft erworben. Um Ihre Qualifikationen weiter auszubauen, besuchte die Autorin zudem Vorlesungen zu Europarecht und Industriebetriebslehre.

Ihr umfangreiches fundiertes Fachwissen, ihre kulturelle wie sprachliche Verbundenheit zum bulgarischen wie auch zum deutschen Markt, ihr starkes Interesse am Einzelhandel und an der Betriebsform Discounter haben die Autorin veranlasst, die vorliegende Arbeit zum Thema „Bulgarien als Absatzmarkt für deutsche Lebensmittel-Discounter" zu schreiben. Weitere Informationen finden Sie unter www.petiajacobs.de.

Inhaltsverzeichnis

Abkürzungsverzeichnis 16

Abbildungsverzeichnis 18

1 Einleitung 19
   1.1 Problemstellung und Zielsetzung der Untersuchung 19
   1.2 Aufbau der Untersuchung 20
   1.3 Wesentliche Begriffsdefinitionen 21
      1.3.1 Lebensmittel-Discounter 21
      1.3.2 Absatzmarkt 22
      1.3.3 Markteintrittskonzeption 22
   1.4 Überblick über deutsche Lebensmittel-Discountunternehmen 24
   1.5 Kurze Charakterisierung des Landes Bulgarien 25

2 Handlungsziele der deutschen Lebensmittel-Discounter beim Markteintritt auf dem bulgarischen Absatzmarkt 27
   2.1 Oberziele 27
      2.1.1 Wachstum durch Expansion und Internationalisierung 27
      2.1.2 Gewinnsteigerung durch Umsatzausweitung und Economies of Scale 28
      2.1.3 Risikostreuung 29
   2.2 Marketingziele 29
      2.2.1 Qualitative Marketingziele 30
      2.2.2 Quantitative Marketingziele 30

3 Mögliche Markteintrittsstrategien und Strategie-Empfehlung für deutsche Lebensmittel-Discounter beim Markteintritt auf dem bulgarischen Absatzmarkt 33
   3.1 Die Niedrigpreisstrategie der deutschen Lebensmittel-Discounter als Voraussetzung für den Markteintritt auf dem bulgarischen Absatzmarkt 33
   3.2 Markteintrittsstrategien 35
      3.2.1 Timingstrategien 35
         3.2.1.1 Pionier-Strategie 35
         3.2.1.2 Folger-Strategie 36
      3.2.2 Markteintrittsformen 37

3.2.2.1 Markteintrittsformen im Überblick 37

3.2.2.2 Filialgründung 38

3.2.2.3 Akquisition 39

3.2.2.4 Joint Ventures 41

3.2.2.5 Franchising 41

3.2.3 Empfehlung für die Wahl der Markteintrittsstrategie für deutsche Lebensmittel-Discounter auf dem bulgarischen Absatzmarkt 42

4 Einflussfaktoren bei dem Markteintritt von deutschen Lebensmittel-Discountern auf dem bulgarischen Absatzmarkt 45

4.1 Externe Einflussfaktoren 45

4.1.1 Allgemeine Einflussfaktoren aus dem Expansionsumfeld 45

4.1.1.1 Ökonomische Einflussfaktoren 45

4.1.1.2 Politische Einflussfaktoren 46

4.1.1.3 Rechtliche Einflussfaktoren 47

4.1.1.4 Sozio-kulturelle Einflussfaktoren 49

4.1.1.5 Technologische Einflussfaktoren 50

4.1.2 Einflussfaktoren aus den relevanten Teilnehmergruppen auf dem bulgarischen Absatzmarkt 51

4.1.2.1 Kundenbezogene Einflussfaktoren 51

4.1.2.2 Branchen- und wettbewerbsbezogene Einflussfaktoren 53

4.1.2.3 Lieferantenbezogene Einflussfaktoren 55

4.2 Interne Einflussfaktoren 56

4.2.1 Einflussfaktoren des expandierenden Discounters 56

4.2.2 Einflussfaktoren der Teilunternehmensbereiche des expandierenden Discounters 58

4.2.2.1 Management 58

4.2.2.2 Marketing 59

4.2.2.3 Logistik 60

4.2.2.4 Controlling 61

4.2.3 Einflussfaktoren der Beschäftigten 62

4.3 Bewertung der Einflussfaktoren in einer zusammenfassenden SWOT-Analyse 62

5 Handlungsvorschläge zur Ausgestaltung des Marketings im Rahmen einer Markteintrittskonzeption für deutsche Lebensmittel-Discounter auf dem bulgarischen Absatzmarkt 67

5.1 Einzelbetrachtung der absatzpolitischen Marketinginstrumente 67

    5.1.1 Leistungssubstanzpolitik 67

        5.1.1.1 Leistungsinhalt 67

            5.1.1.1.1 Sortimentspolitik 67

            5.1.1.1.2 Dienstleistungspolitik 69

        5.1.1.2 Leistungsausmaß 69

        5.1.1.3 Zeitbezug der Leistung 70

    5.1.2 Transferleistungspolitik 71

        5.1.2.1 Standortpolitik 71

        5.1.2.2 Absatzsystem 72

            5.1.2.2.1 Absatzmethode 72

            5.1.2.2.2 Verkaufsstättengestaltung 73

            5.1.2.2.3 Warenplatzierung und Warenpräsentation 74

    5.1.3 Entgeltpolitik 75

        5.1.3.1 Preispolitik 75

        5.1.3.2 Konditionenpolitik 76

        5.1.3.3 Sonderpreispolitik 77

    5.1.4 Kommunikationspolitik 77

        5.1.4.1 Werbepolitik 77

            5.1.4.1.1 Printwerbung 77

            5.1.4.1.2 Fernseh- und Rundfunkwerbung 78

            5.1.4.1.3 Internetwerbung 79

            5.1.4.1.4 Außenwerbung 80

        5.1.4.2 Verkaufsförderungspolitik 81

        5.1.4.3 Kundenbezogene Public Relations 82

5.2 Der Marketing-Mix als zusammenführendes Kombinationsergebnis 82

5.3 Marketingorganisation 84

    5.3.1 Aufbauorganisation 84

    5.3.2 Ablauforganisation 85

        5.3.2.1 Materielle Ebene 85

		5.3.2.2	Monetäre Ebene	85
		5.3.2.3	Personelle Ebene	86
		5.3.2.4	Informationsebene	87
	5.4	Marketingcontrolling		87
		5.4.1	Strategisches Marketingcontrolling	87
		5.4.2	Operatives Marketingcontrolling	88

6 Schlussbetrachtung **91**

   6.1 Zusammenfassung der wesentlichen Erkenntnisse der Untersuchung 91

   6.2 Ausblick auf die Auswirkungen eines Markteintrittes von deutschen Lebensmittel-Discountern auf dem bulgarischen Absatzmarkt 92

Anhang **95**

Abkürzungsverzeichnis

Abb.	Abbildung
Abschn.	Abschnitt
ADI	Ausländische Direktinvestitionen
AG	Aktiengesellschaft
Anl.	Anlage
Aufl.	Auflage
bfai	Bundesagentur für Außenwirtschaft
BG	Bulgarien
BIP	Bruttoinlandsprodukt
BNB	Bulgarische Nationalbank
BRD	Bundesrepublik Deutschland
bspw.	beispielsweise
bzgl.	bezüglich
bzw.	beziehungsweise
ca.	cirka
CD	Corporate Design
CI	Corporate Identity
DBIHK	Deutsch-Bulgarische Industrie- und Handelskammer
d.h.	das heißt
DIHK	Deutscher Industrie- und Handelskammertag
ebd.	Ebenda
EBWE	Europäische Bank für Wiederaufbau und Entwicklung
EG	Europäische Gemeinschaft
EU	Europäische Union
etc.	et cetera
f.	folgende
ff.	fortfolgende
F&E	Forschung und Entwicklung
FMCG	Fast Moving Consumer Goods
GfK	Gesellschaft für Konsumforschung
ggf.	gegebenenfalls
GmbH	Gesellschaft mit beschränkter Haftung
Hrsg.	Herausgeber
IBA	InvestBulgaria Agency
i.d.R.	in der Regel
IFS	International Food Standard
inkl.	inklusive
insg.	insgesamt
ISO	Internationale Organisation für Normung
IT	Informationstechnik
Jg.	Jahrgang
Kap.	Kapitel
LEH	Lebensmitteleinzelhandel

M&A	Mergers & Acquisitions
Mio.	Million(en)
Mrd.	Milliarde(n)
NSI	Nationales Statistisches Institut
o.	oder
o.V.	ohne Verfasser
o.g.	oben genannte(n)
POS	Point of Sale
PR	Public Relations
qm	Quadratmeter
ROI	Return on Investment
s.	siehe
S.	Seite
SMCG	Slow Moving Consumer Goods
sog.	So genannte(n)
SWOT	Strengths-Weaknesses-Opportunities-Threats
u.	und
u.a.	unter anderem
USP	Unique Selling Proposition
usw.	und so weiter
vgl.	vergleiche
ZAW	Zentralverband der deutschen Werbewirtschaft
z.B.	zum Beispiel
zw.	zwischen

Abbildungsverzeichnis

Abb. 1:	Aufbau der Untersuchung.	20
Abb. 2:	Komplexität der Markteintrittskonzeption	24
Abb. 3:	Die Top 5 Discounter im deutschen Lebensmitteleinzelhandel 2007	25
Abb. 4:	Geografische Lage des EU-Mitgliedes Bulgarien in Europa.	26
Abb. 5:	Strategien des Handels und der deutschen Lebensmittel-Discounter	33
Abb. 6:	Markteintrittsformen im Lebensmitteleinzelhandel	38
Abb. 7:	Umsatzbezogene Marktanteile nach Betriebsformen (BG)	54
Abb. 8:	Internationalisierungsgrad deutscher Lebensmittel-Discounter 2007	57
Abb. 9:	Zusammenfassende SWOT-Analyse für deutsche Lebensmittel-Discounter im Rahmen des Markteintrittes in Bulgarien.	63
Abb. 10:	Ableitung strategischer Stoßrichtungen für die deutschen Lebensmittel-Discounter beim Markteintritt auf dem bulgarischen Absatzmarkt	64
Abb. 11:	Marketing-Mix für deutsche Lebensmittel-Discounter beim Markteintritt auf dem bulgarischen Absatzmarkt.	83

1 Einleitung

1.1 Problemstellung und Zielsetzung der Untersuchung

Der Einzelhandel in der Bundesrepublik Deutschland hat in den letzten Jahren mit besonderen Herausforderungen zu kämpfen. Zu den wichtigsten marktbeeinflussenden Parametern zählen die zunehmende Marktsättigung, stagnierende Reallöhne und die hohe Arbeitslosigkeit. Hinzu kommt, dass sich die Ausgabenstruktur der privaten Haushalte sukzessive verändert. Immer mehr Geld wird für Wohnen, Energie, Tourismus sowie Freizeit ausgegeben und der Ausgabenanteil für Nahrungsmittel sinkt kontinuierlich (s. Anl. 1). Der Einzelhandelsumsatzanteil an den privaten Konsumausgaben reduziert sich fortlaufend (s. Anl. 2) und führt zu einem immer intensiveren branchenübergreifenden Kampf um Kaufkraftanteile. Die Währungsumstellung sowie die aktuelle Finanz- und Wirtschaftskrise verunsichern zusätzlich die Konsumenten. Die Verbraucher reagieren mit höheren Sparquoten. Zu dem steigen die privaten Vorsorgeaufwendungen, da sich durch die demographische Entwicklung eine intensivere Belastung der Sozialsysteme abzeichnet und alleine die gesetzliche Rente zukünftig keine ausreichende Absicherung des Lebensstandards darstellt. Stagnierende und sogar teilweise real sinkende Einzelhandelsumsätze sind die Folge dieser o.g. Entwicklungen (s. Anl. 3 u. 4). Gleichzeitig wurde die Verkaufsflächenkapazität enorm ausgeweitet (s. Anl. 5), so dass die Flächenproduktivität dramatisch zurückgegangen ist. Alle diese Faktoren verursachen einen zunehmend ruinösen Verdrängungswettbewerb unter den Handelsunternehmen, die bei austauschbaren Produkten den Preis als Hauptwettbewerbsfaktor nutzen.[1]

Die beschriebenen schwierigen Bedingungen im Heimatmarkt einerseits und die gleichzeitig steigende Attraktivität der geographisch nahe liegenden Auslandsmärkte andererseits haben dazu geführt, dass der deutsche Einzelhandel die Auslandsexpansion massiv vorantreibt. Die ersten Ziele der Internationalisierung waren die westlichen EU-Staaten. In einer zweiten Welle der Erschließung neuer Märkte wandert der Blick nun verstärkt ostwärts. Durch die jüngste EU-Osterweiterung im Jahr 2007 ist auch Bulgarien ein interessanter Absatzmarkt für deutsche Handelsunternehmen geworden.

In dieser Studie wird das Ziel verfolgt eine praxisnahe Konzeption für deutsche Lebensmittel-Discounter beim Markteintritt auf dem bulgarischen Absatzmarkt zu erarbeiten. Um den Einstieg erfolgreich zu gestalten, sind für die Entwicklung dieser Markteintrittskonzeption vorab die speziellen Marktgegebenheiten zu analysieren. Diese besonderen Einflussfaktoren im aufstrebenden bulgarischen Markt werden einer dezidierten Bewertung unterzogen. Anschließend werden daraus Handlungsvorschläge zur Ausgestaltung des Marketings abgeleitet.

---

[1] Vgl. Bogner/Brunner (2007), S. 40 u. 244; Vgl. Rudolph et al. (2008), S. 7.

1.2 Aufbau der Untersuchung

Das vorliegende Buch umfasst insgesamt sechs Kapitel (s. Abb. 1). Der Gang der Untersuchung orientiert sich an der Zielsetzung und damit an den Schritten, die zur Entwicklung einer Markteintrittskonzeption erforderlich sind.

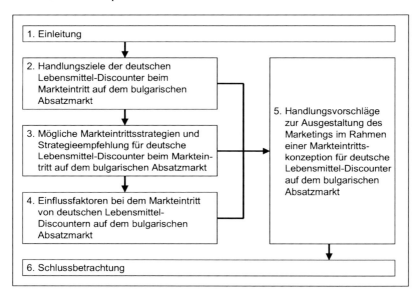

Abb. 1: Aufbau der Untersuchung

Nach der Einleitung werden im nächsten Schritt die Handlungsziele der deutschen Lebensmittel-Discounter beim Markteintritt auf dem bulgarischen Absatzmarkt herausgearbeitet. Aufbauend auf diese strategischen und operativen Zielstellungen werden im Folgenden mögliche Markteintrittsstrategien erläutert und eine Strategieempfehlung für die Discounter gegeben. Anschließend werden die Einflussfaktoren untersucht, die beim Eintritt in den bulgarischen Markt im Einzelnen zu berücksichtigen sind. In Ableitung aus den Handlungszielen, der Strategieempfehlung und den Einflussfaktoren werden konkrete Handlungsvorschläge zur Ausgestaltung des Marketings im Rahmen einer Markteintrittskonzeption erarbeitet, die den Expansionserfolg der deutschen Lebensmittel-Discounter unterstützen. In einer Schlussbetrachtung werden einerseits die wesentlichen Erkenntnisse dieser Untersuchung zusammengefasst. Andererseits wird ein Ausblick über die Auswirkungen eines Markteintrittes von deutschen Lebensmittel-Discountern auf dem bulgarischen Absatzmarkt dargestellt.

1.3 Wesentliche Begriffsdefinitionen

1.3.1 Lebensmittel-Discounter

Die Einzelhandelslandschaft ist durch ein breites Angebot an verschiedenen Betriebsformen[2] gekennzeichnet, die das Ergebnis einer kundenorientierten Marketingpolitik sind[3]. Der Discounter stellt einen Betriebstyp[4] des Einzelhandels[5] dar. Der Einzelhandel wird durch eine tiefere warenbezogene Untergliederung in verschiedene Branchen[6] eingeteilt[7]. Die wichtigsten sind: Lebensmittel-, Textil-, Möbel- und Elektroeinzelhandel[8]. Eine andere Abgrenzung im Einzelhandel besteht aus Food- (Lebensmittel, Frischprodukte, Getränke etc.) inkl. Near-Food- (Wasch- und Reinigungsmittel, Körperpflege, Tierbedarf etc.) und Non-Food-Anbietern (Möbel, Textil, Elektro, etc.). Der Lebensmittel-Discounter bietet vor allem Lebensmittel[9], aber auch Güter, die den Alltagsbedarf decken, wie z.B. Wasch-, Putz-, Reinigungsmittel, Körperpflege und Ähnliches an. Somit zählen diese zum Einzelhandel der Lebensmittelbranche, obwohl die Lebensmittel-Discounter Food- und Near-Food-Anbieter sind (s. Anl. 6). Erst in den letzten beiden Jahrzehnten haben die Discounter Non-Food-Produkte ins Sortiment als Aktionsartikel aufgenommen[10].

Das niedrige Preisniveau ist das wichtigste Instrument des Discounters[11]. Um dieses zu erreichen, bietet der Lebensmittel-Discounter ein enges Warensortiment mit einer hohen Umschlagshäufigkeit[12] unter weitgehendem Verzicht auf Kundenberatung und anderen Dienstleistungen an[13]. Relativ kleine Verkaufsflächen (bis ca. 1000qm), einfache Ladenausstattungen sowie unaufwendige Warenpräsentationen in verkehrs- und kostengünstigen

---

[2] Eine Betriebsform kennzeichnet grundsätzlich eine Zusammenfassung von Handelsbetrieben in Gruppen, die über einen längeren Zeitraum hinweg vergleichbare Merkmale (z.B. Sortimentsumfang, Bedienungsform, Preisniveau, Standort, Branche) aufweisen. Vgl. Ausschuss für Definitionen zu Handel und Distribution (2006), S. 22; Vgl. Baum (2002), S. 42; Vgl. Liebmann/Zentes (2001), S. 370; Vgl. Müller-Hagedorn (2005), S. 81f.
[3] Vgl. Lerchenmüller (2003), S. 244 u. 264; Vgl. Tietz (1993), S. 1318.
[4] In Anlehnung an *Lerchenmüller*, *Müller-Hagedorn* und *Weinberg/Purper* werden die Begriffe „Betriebsform" und „Betriebstyp" in diesem Buch synonym verwendet. Vgl. Lerchenmüller (2003), S. 248 u. 264; Vgl. Müller-Hagedorn (2005), S. 82f.; Vgl. Weinberg/Purper (2004), S. 44f.
[5] Der Einzelhandel ist eine Handelsform, welche das konstitutive Merkmal hat, Ware unmittelbar an Konsumenten abzusetzen. Vgl. Seyffert (1972), S. 87f. u. 239.
[6] Eine Branche bezeichnet eine größere Gruppe von Unternehmen, die ein ähnliches Sortiment führen. Vgl. Tietz (1993), S. 197.
[7] Vgl. Lerchenmüller (2003), S. 24; Vgl. Tietz (1993), S. 197.
[8] Vgl. Metro AG (2008), S. 10f.
[9] Die ersten sog. „harten" Discounter verzichteten völlig auf Frischware, wogegen heutige sog. „weiche" Discounter ein begrenztes Sortiment an Frischware (bspw. Obst u. Gemüse, Molkereiprodukte sowie Tiefkühlkost) führen. Vgl. Lerchenmüller (2003), S. 267.
[10] Vgl. Accenture/GfK (2008), S. 6 u. 14.
[11] Vgl. Ausschuss für Definitionen zu Handel und Distribution (2006), S. 44; Vgl. Baum (2002), S. 48; Vgl. Lerchenmüller (2003), S. 266.
[12] In der Praxis werden zwei Umschlagshäufigkeitsgruppen unterteilt: FMCG (Fast Moving Consumer Goods), die Food- und Near-Food-Produkte umfassen, und SMCG (Slow Moving Consumer Goods), die den Non-Food- Bereich abdecken. Vgl. Hintermeier (1998), S. 208; Vgl. Metro AG (2008), S. 10f.
[13] Vgl. Baum (2002), S. 48f.; Vgl. Lerchenmüller (2003), S. 266f.; Vgl. Liebmann/Zentes (2001), S. 382f.

Stadtrandlagen oder wohnortnahen Lauflagen sind weitere Faktoren, die im Vergleich zu den anderen Betriebsformen niedrig kalkulierte Preise ermöglichen[14].

1.3.2 Absatzmarkt

Als Markt wird allgemein der Ort beschrieben, an dem Angebot und Nachfrage zusammentreffen[15]. Handelt es sich um Märkte, auf denen Güter beschafft werden, so wird von vorgelagerten Beschaffungsmärkten gesprochen, dagegen bezeichnen die Absatzmärkte die nachgelagerten Märkte, auf denen die hergestellten Güter und Dienstleistungen angeboten werden[16]. Nach der klassischen Begriffsdefinition von *Meffert* ist der Absatzmarkt gekennzeichnet durch die Menge der aktuellen und potentiellen Abnehmer bestimmter Leistungen, durch die aktuellen und potentiellen Mitanbieter dieser Leistung sowie durch die Beziehungen zwischen diesen Abnehmern und Mitanbietern[17]. *Wöhe* stellt die Determinanten des Absatzmarktes als Dreieck dar, an dessen Spitze und damit wichtigster und zentraler Orientierungspunkt für das eigene Angebot die Bedürfnisse der Nachfrager stehen, die einer ausführlichen Analyse zu unterziehen sind[18] (s. Anl. 7).

Die Abgrenzung des relevanten Marktes spielt eine zentrale Rolle bei der Unternehmensführung und beantwortet wichtige Schlüsselfragen[19]. Räumliche, sachliche und zeitliche Kriterien können generell bei der Marktabgrenzung herangezogen werden[20]. Hier wird diese Abgrenzung wie folgt vorgenommen:

- Räumlich: EU-Mitgliedsland Bulgarien
- Sachlich: Food- und Near-Food-Produkte
- Zeitlich: Phase des Markteintrittes; ganzjähriges Kernproduktsortiment[21] mit Ergänzung um zeitlich begrenzte Aktions- und Saisonartikel

1.3.3 Markteintrittskonzeption

Grundsätzlich wird als Markteintritt die Aktivität eines Unternehmens auf einem Absatzmarkt bezeichnet, auf dem es bislang noch nicht tätig war[22]. Um an dieser Stelle die Definition zu präzisieren, wird für die weiteren Ausführungen eine begriffliche Abgrenzung zwischen Markteintritt und Marktbearbeitung vorgenommen, da diese zeitlich versetzte strategische Maßnahmen umfassen. Die Erschließung besteht aus einem Prozess, der die intensiven

---

[14] Vgl. Accenture/GfK (2008), S. 6f.
[15] Vgl. Seyffert (1972), S. 449 u. 454; Vgl. Tietz (1993), S. 163.
[16] Vgl. Diedrich (1992), S. 348; Vgl. Seyffert (1972), S. 467; Vgl. Wöhe (2005), S. 445.
[17] Vgl. Meffert (2000), S. 36.
[18] Vgl. Müller-Stewens/Lechner (2005), S. 185; Vgl. Wöhe (2005), S. 445.
[19] Vgl. Meffert et al. (2008), S. 51.
[20] Vgl. Meffert (2000), S. 37.
[21] In Anlehnung an *Seyffert* wird in dieser Arbeit das gesamte Produktangebot unterschieden nach dem Kern-, Standard- bzw. Grundsortiment u. dem ergänzenden Zusatz- bzw. Randsortiment. Vgl. Seyffert (1972), S. 64.
[22] Vgl. Remmerbach (1988), S. 8.

Analysen, die gesamte Planung und die eigentliche Durchführung des Markteintrittes, bis hin zur Erzielung erster Umsätze auf dem neuen Markt, umfasst[23]. Anschließend erfolgt ein fließender Übergang zur laufenden Marktbearbeitung[24]. In der vorliegenden Konzeption geht es ausschließlich um die Betrachtung des Markteintrittes, wobei es sich an der einen oder anderen Stelle (s. Abschn. 2.2.2 u. Kap. 5) um Komponenten handelt, die aber auch für die spätere Marktbearbeitung von Relevanz sind. Eine solche große Ausweitung der Geschäftsaktivitäten in das Zielland Bulgarien bedarf der Entwicklung einer gesonderten Markteintrittskonzeption.

Grundsätzlich ist eine Konzeption mit einem komplexen fließenden Planungsprozess verbunden, dessen Ablauf in einer Art konzeptioneller Kette strukturiert werden kann. Diese setzt ausgehend von einer Problemstellung abgestimmte Entscheidungen auf drei Ebenen, nämlich auf der Ziel-, der Strategie- und der Maßnahmenebene, voraus.[25] Diese drei vorgenannten Konzeptionsebenen folgen logisch aufeinander und sind aber zugleich als interdependente Teilstufen eines konzeptionellen Gesamtprozesses zu betrachten[26].

In Ableitung daraus werden bei der zu entwickelnden Markteintrittskonzeption zuerst die angestrebten Handlungsziele formuliert, die die grundsätzliche Richtung der weiteren Unternehmensentwicklung vorgeben. Des Weiteren werden die verfolgten Markteintrittsstrategien beschrieben, die ebenfalls zur erforderlichen Grundorientierung dienen. In einem nächsten Schritt werden die externen und internen Einflussfaktoren ganzheitlich analysiert und in einer SWOT-Analyse bewertet. Die getroffenen Festlegungen sowie die Erkenntnisse aus diesen vorgelagerten Schritten fließen in die Ausgestaltung der absatzpolitischen Marketinginstrumente sowie in die Marketing-Organisation und das -Controlling ein. Eine grafische Veranschaulichung der Komplexität einer solchen Markteintrittskonzeption wird in der Abb. 2 dargestellt.

---

[23] Vgl. Mellewigt et al. (2006), S. 98.
[24] Vgl. Eikelmann (2006), S. 11.
[25] Vgl. Becker (2006), S. 4; Vgl. Quack (1995), S. 13.
[26] Vgl. Becker (2006), S. 5.

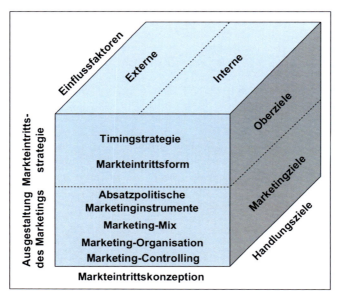

Abb. 2: Komplexität der Markteintrittskonzeption

1.4 Überblick über deutsche Lebensmittel-Discountunternehmen

Der Grundstein in Deutschland für den Betriebstyp Discounter wurde in den Sechziger Jahren von den Gebrüdern Albrecht mit dem heute unter dem Firmennamen Aldi (**Al**brecht **Dis**count) bekannten Unternehmen gelegt[27]. Durch das jahrzehntelange überdurchschnittliche Wachstum konnten die Lebensmittel-Discounter in der Bundesrepublik im Jahr 2007 schon einen Anteil am gesamten Lebensmittelumsatz von 42,2% erreichen[28] (s. Anl. 8). Sie haben inzwischen eine flächendeckende Präsenz erreicht und gehören mit ihren insgesamt 15.255 Discountmärkten zu den wichtigsten Nahversorgern hier zu Lande[29]. Zu den führenden Discountern zählen Aldi, Lidl, Plus, Penny und Netto, die hier im Mittelpunkt der Betrachtung stehen. Diese Top 5 verfügen im Jahr 2007 insgesamt über einen Marktanteil am gesamten Discountformat von mehr als 92%[30] (s. Abb. 3).

---

[27] Vgl. Accenture/GfK (2008), S. 5; Vgl. Berekoven (1988), S. 101.
[28] Vgl. EHI Retail Institute GmbH (2008), S. 193; Vgl. Rudolph et al. (2008), S. 7f.
[29] Laut einer Gemeinschaftsstudie von Accenture und GfK kaufen 98% der deutschen Haushalte mindestens einmal pro Jahr beim Discounter ein und neun von zehn Haushalten erreichen innerhalb von nur zehn Minuten (mit dem Auto) mindestens eine Discounterfiliale. Vgl. Accenture/GfK (2008), S. 17f.;
Vgl. Hielscher (2008a), S. 16; Vgl. Twardawa (2006), S. 379ff.
[30] Vgl. EHI Retail Institute GmbH (2008), S. 201.

Firmen-Logo	Eröffnung der ersten Filiale in Deutschland[4]	Muttergesellschaft bzw. Mutterkonzern	Anzahl der Filialen	Bruttoumsatz in Mrd. Euro	Marktanteil in Prozent[5]
ALDI	1962	Aldi[1]	4.232	21,49	38,9
LIDL	1973	Schwarz-Gruppe[1]	2.875	13,10	23,7
Plus	1972	Tengelmann-Gruppe	2.912	6,87[3]	12,4
PENNY MARKT	1972	Rewe-Gruppe	2.025	5,90[2]	10,7
Netto Marken-Discount	1984	Edeka-Gruppe	1.279	3,73[2]	6,8

[1] Aldi Nord, Aldi Süd und Lidl veröffentlichen keine Zahlen; alle Angaben sind daher Schätzwerte.
[2] Bei Penny u. Netto-Marken-Discount werden nur Nettozahlen veröffentlicht. [3] Geschäftsjahr 01.05.2006 bis 30.04.2007.
[4] Hiermit ist das Jahr der Eröffnung der ersten Filiale im heutigen Maßstab des Vertriebsformates Discounter gemeint.
[5] Diese Angaben geben den Marktteil der einzelnen Lebensmittel-Discounter am gesamten Lebensmittel-Discounter-Umsatz an.

Abb. 3: Die Top 5 Discounter im deutschen Lebensmitteleinzelhandel 2007,
Quelle: Eigene Darstellung in Anlehnung an Accenture/GfK (2008), S. 5f.; EHI Retail Institute GmbH (2008), S. 201; Metro AG (2008), S. 20ff.

Mit Beschluss vom 30.06.2008 erteilte das Bundeskartellamt die Freigabe zur Übernahme der Tengelmann-Discountkette Plus durch Edeka, allerdings nur unter harten Auflagen[31]. Somit formiert sich der drittgrößte deutsche Discountanbieter, so dass dieses Betriebsformat in Deutschland künftig von drei Riesen dominiert wird (Aldi: ca. 39%, Lidl: ca. 24% und Netto/Plus: ca. 19% Marktanteil)[32]. Darüber hinaus agiert seit den 60er Jahren Norma in diesem Markt und verfügt mit einem Jahresbruttoumsatz von 2,7 Mrd. Euro in 2007 über einen Marktanteil von 4,9%[33].

1.5 Kurze Charakterisierung des Landes Bulgarien

Bulgarien ist ein Staat in Südosteuropa, der mitten auf der Balkaninsel liegt und eine Landesfläche von 110 994 Quadratmeter[34] bedeckt. Im Norden grenzt das junge EU-Mitglied an Rumänien, im Osten bildet das Schwarze Meer eine natürliche Grenze, im Süden sind die Türkei und Griechenland seine Nachbarn und im Westen Mazedonien und Serbien (s. Abb. 4).

---

[31] Vgl. Bundeskartellamt (2008), S. 2.
[32] Vgl. o.V. (2008c): Weg frei für Plus-Übernahme, S. 1; Vgl. Schlautmann (2008), S. 12.
[33] Vgl. EHI Retail Institute GmbH (2008), S. 201; Vgl. Wortmann (2004), S. 432.
[34] Vgl. bfai (2008b), S. 1.

Abb. 4: Geografische Lage des EU-Mitgliedes Bulgarien in Europa,
Quelle: http://europa.eu/abc/european_countries/eu_members/index_de.htm.
Hinweis: Die 27 EU-Mitgliedsstaaten sind in der obigen Karte beige gefärbt.

Im größten Teil des Landes herrscht gemäßigtes Kontinentalklima, wobei wegen der geografische Lage und der Vielfältigkeit der Natur das Klima von der Region abhängt[35].

Ende 2008 hatte Bulgarien 7,61 Mio. Einwohner, wovon ca. 1,2 Mio. in der Hauptstadt Sofia leben[36]. Die offizielle bulgarische Währung ist der Lew (im Plural: Lewa), der aus 100 Stotinki besteht. Bulgarien ist eine parlamentarische Republik mit einem Ministerpräsidenten als Staatsoberhaupt. Seit dem 01.01.2007 zählt Bulgarien zum Kreis der EU-Mitglieder.

---

[35] Vgl. Auswärtiges Amt (2009), S. 1; Vgl. DIHK (2006), S. 6.
[36] Vgl. NSI (2009a), S. 1; Vgl. NSI (2009c), S. 1.

2 Handlungsziele der deutschen Lebensmittel-Discounter beim Markteintritt auf dem bulgarischen Absatzmarkt

In diesem Kapitel wird der Frage nachgegangen, welche Handlungsziele die deutschen Lebensmittel-Discounter beim Markteintritt auf dem bulgarischen Absatzmarkt verfolgen könnten. Dazu werden zunächst die langfristig von den Unternehmen anvisierten strategischen Oberziele (s. Abschn. 2.1) ermittelt. Anschließend werden operative Marketingziele abgeleitet (s. Abschn. 2.2). In Anlehnung an *Meffert* wird dabei unterstellt, dass generell alle für den heimischen Markt in Frage kommenden Ziele auch im Ausland angestrebt werden können[37].

2.1 Oberziele

2.1.1 Wachstum durch Expansion und Internationalisierung

Nach der Auswertung der einschlägigen internationalen wissenschaftlichen Literatur, die von *Jünger* umfassend vorgenommen wurde, wird der Wachstumsbegriff sehr unterschiedlich interpretiert[38]. In Anlehnung an *Lerchenmüller* wird hier unter diesem Begriff die Unternehmensvergrößerung verstanden, die im Sinne von Expansion zum einen intern (z.B. durch Eröffnung zusätzlicher Betriebsstätten, Erweiterung des Absatzgebietes, etc.) oder zum anderen extern (z.B. durch Unternehmensaufkäufe, Fusionen, etc.) entsteht[39]. Nach *Meffert* ist Wachstum ein Marktstellungsziel, das für die Erreichung der Rentabilitätsziele (s. Abschn. 2.1.2) eine grundlegende Voraussetzung darstellt[40].

Lebensmittel-Discounter verfolgten schon jahrzehntelang erfolgreich ein überdurchschnittliches Wachstumsziel. Dies zeigt eindeutig die Entwicklung des Anteils der Discounter am gesamten deutschen Lebensmittelumsatz, der bis auf 42,2% im Jahr 2007 gewachsen ist, und am Anteil an den gesamten Lebensmittelgeschäften, der im gleichen Zeitraum bis auf 29,6% zugenommen hat (s. Anl. 8 u. Anl. 9).

Wie bereits in der Einleitung geschildert, stagniert seit einigen Jahren der deutsche Markt für Lebensmittel aus verschiedensten Gründen. Zwar konnten die Discounter, wie oben ausgeführt, ihren Marktanteil sukzessive von Beginn an ausbauen, dies lag aber fast ausschließlich am Verdrängungswettbewerb und am Wandel der Betriebsformenstruktur im Einzelhandel, vor allem als Antwort auf die veränderten Kundenbedürfnisse[41]. Bei Plus stagnierten die Geschäfte, trotz der Neueröffnung von 100 Filialen in 2007, und Aldi konnte 2008 in der

---

[37] Vgl. Meffert (1992), S. 1688.
[38] Vgl. Jünger (2008), S. 25ff.
[39] Vgl. Lerchenmüller (2003), S. 321.
[40] Vgl. Meffert (2000), S. 73.
[41] Vgl. Lerchenmüller (2003), S. 283; Vgl. Greipl (2000), S. 318.

BRD das erste Mal keine Umsatzzuwächse erzielen[42]. Anfang 2009 verloren Lidl und Aldi sogar erstmals Marktanteile[43].

Weiteres Unternehmenswachstum kann auf dem heimischen Markt kaum realisiert werden, denn die Möglichkeiten sind weitestgehend, wenn nicht sogar vollständig ausgeschöpft[44]. Durch den Eintritt in einen neuen Markt, der vor allem in seiner Handelslandschaft Marktlücken für einen solchen Betriebstyp aufweist, könnte ein weiteres Wachstum der Lebensmittel-Discounter ermöglicht werden. *Bogner* und *Brunner* rechnen bei einer Expansion nach Osteuropa mit einer hohen Nachfrage nach dieser westlichen Form des Einzelhandels[45]. Die Internationalisierung stellt dabei einen Prozess der grenzüberschreitenden Ausweitung der nationalen Geschäftstätigkeit dar und führt zu einer regionalen Diversifikation[46]. Übertragen auf die Produkt-Markt-Matrix von *Ansoff* liegt der Wachstumsschwerpunkt für die deutschen Lebensmittel-Discounter in der Marktentwicklung[47] (s. Anl. 10). Diese stark vertriebsorientierte Markterweiterung zielt darauf ab, neue Absatzmärkte in neuen Ländern zu erschließen und neue Abnehmergruppen bzw. Kundensegmente anzusprechen[48]. Durch spezielle Produktvarianten und die vereinzelte Aufnahme neuer Produkte in das Angebotssortiment, die auf die spezifischen bulgarischen Kundenbedürfnisse abgestimmt sind, wird nach *Ansoff* zusätzlich eine Diversifikation vorgenommen[49].

2.1.2 Gewinnsteigerung durch Umsatzausweitung und Economies of Scale

Grundsätzlich ist das Gewinnstreben die Triebfeder unternehmerischen Handelns[50]. Die zusätzliche Gewinnzielung, die durch den Eintritt auf dem bulgarischen Absatzmarkt erreicht werden soll, kann ein rein wachstumsorientiertes Motiv haben (s. Abschn. 2.1.1.) und gleichzeitig einen Ausgleich für die negativen inländischen Entwicklungen ermöglichen[51]. Gepaart mit marktwirtschaftlichem Wettbewerb führen diese Bestrebungen zu effizienter, d.h. bedarfsgerechter und kostenoptimaler Befriedigung der Kundenwünsche[52].

Die deutschen Lebensmittel-Discounter gewinnen durch den Markteintritt auf den bulgarischen Absatzmarkt neue Kunden und damit zusätzliche Umsätze. Dies bedeutet gleichzeitig eine steigende Gütermenge, die über den Einkauf beschafft werden muss. Diese zusätzlichen Produktionsmengen bei den Herstellern lassen sich häufig mit steigenden Grenzproduktivitäten sowie mit sinkenden variablen und totalen Durchschnittskosten realisieren[53]. Diese hier

---

[42] Vgl. Schlautmann (2008), S. 12.
[43] Vgl. Mende (2009), S. 27; Vgl. o.V. (2009b): Fehlstart für Aldi und Lidl, S. 1.
[44] Vgl. Accenture/GfK (2008), S. 2; Vgl. Twardawa (2006), S. 381.
[45] Vgl. Bogner/Brunner (2007), S. 80.
[46] Vgl. Barth et al. (2007), S. 149f.; Vgl. Bruhn (2005), S. 294; Vgl. Glaum (1996), S. 21.
[47] Vgl. Ahlert/Kenning (2007), S. 77; Ansoff (1966), S. 132; Müller-Hagedorn (2005), S. 43; Welge/Al-Laham (2003), S. 443.
[48] Vgl. Neubert (2008), S. 21; Vgl. Welge/Al-Laham (2003), S. 444.
[49] Vgl. Ansoff (1966), S. 132; Vgl. Neubert (2008), S. 21f.
[50] Vgl. Wöhe (2005), S. 52.
[51] Vgl. Berndt et al. (2005), S. 7; Vgl. Zschiedrich (2006), S. 9f.
[52] Vgl. Wöhe (2005), S. 52.
[53] Vgl. Dieckheuer (2001), S. 117ff.; Vgl. Ernst (1999), S. 82.

beschriebene Form der generierten Skalen- bzw. Synergieeffekte wird als externe Economies of Scale bezeichnet und umfasst die Kostenvorteile, die das Resultat von Größenwachstum bzw. von einer Mengensteigerung sind, da dadurch die Herstellungskosten pro Stück (Stückkosten) geringer werden[54]. Zusätzlich entstehen auf Ebene des einzelnen Discounters interne Economies of Scale durch Kostenersparnisse, die in verschiedenen Unternehmensbereichen erreicht werden können, wie z.b. durch organisatorische Effizienzsteigerungen, eine höhere personelle Qualifikation, die Bündelungen beim Einkauf sowie im Transportwesen[55].

Hier sei allerdings darauf hingewiesen, dass es je nach Intensität der erforderlichen länderübergreifenden Produktdifferenzierung (s. Abschn. 2.1.1 u. 5.1.1.1.1) zu einer zeitlich befristeten Erhöhung der Kosten (z.B. für Marketing), kommen kann, was sich zunächst in der Phase des Markteintrittes gewinnmindernd auswirken könnte[56].

2.1.3 Risikostreuung

Durch die geografische Diversifikation (s. Abschn. 2.1.1) des Geschäfts wird das Ziel der Reduzierung des Gesamtunternehmensrisikos verfolgt. Lebensmittel-Discounter, die in mehreren Ländern tätig sind, sind nicht mehr von der Entwicklung des Heimatmarktes und eines einzelnen Landes z.B. hinsichtlich saisonaler Schwankungen oder Sättigungserscheinungen abhängig[57]. Die Expansion auf dem bulgarischen Absatzmarkt und die daraus folgenden Diversifikationseffekte erhöhen damit die Stabilität des Gesamtunternehmens, das langfristige Wachstum und die Gewinne im Zeitablauf[58].

2.2 Marketingziele

Für die Realisierung der o.g. Oberziele sind klar formulierte operationale Zielvorgaben für die einzelnen Funktionsbereiche[59] im Unternehmen notwendig[60]. Bei der Zielformulierung sind prinzipiell die Dimensionen Inhalt, Ausmaß und Zeitbezug festzulegen[61]. Die Marketingziele bilden dabei die Grundlage und den Ausgangspunkt der zu entwickelnden Markteintrittskonzeption[62]. Im Folgenden werden diese in Anlehnung an *Ramme* in qualitative und quantitative Ziele differenziert[63].

---

[54] Vgl. Dieckheuer (2001), S. 117f.; Vgl. Stein (1998), S. 48; Vgl. Welge/Al-Laham (2003), S. 385.
[55] Vgl. Büschgen (1997), S. 453; Vgl. Dieckheuer (2001), S. 118.
[56] Vgl. Homburg/Jensen (2007), S. 72.
[57] Vgl. Ahlert/Kenning (2007), S. 76; Vgl. Welge/Al-Laham (2003), S. 445.
[58] Vgl. Gieskes (1973), S. 28.
[59] Die Funktionsbereiche einer Unternehmung sind nach *Meffert* Beschaffung, Produktion, Marketing und Finanzierung. Vgl. Meffert (2000), S. 75.
[60] Vgl. Meffert (2000), S. 75.
[61] Vgl. Meffert (2000), S. 79; Vgl. Meffert/Bolz (1998), S. 98f.
[62] Vgl. Hermanns (1995), S. 50.
[63] Vgl. Ramme (2004), S. 9f.

2.2.1 Qualitative Marketingziele

Qualitative Marketingziele sind außerökonomische Zielstellungen, die an den mentalen Prozessen (kognitive, affektive und konative) der potenziellen Nachfrager anknüpfen[64]. Dafür werden absatzpolitische Marketingmaßnahmen eingesetzt, die durch psychische Wirkung das Verhalten beim künftigen Käufer beeinflussen bzw. positiv verändern[65]. Im Bezug auf den beabsichtigten Markteintritt deutscher Lebensmittel-Discounter in den bulgarischen Absatzmarkt lassen sich bspw. folgende qualitative Ziele formulieren:

- Allgemeine Bekanntheit des Unternehmens aufbauen
- Wettbewerbsvorteile der Vertriebsform Discounter herausstellen
- Zusammenstellung u. Ausgestaltung des Produktsortimentes verdeutlichen
- Verstärkung der Kaufabsichten
- Positives Image und Vertrauen aufbauen

Die Beobachtung dieser nicht unmittelbar messbaren Variablen stellt eine gesonderte Herausforderung dar, der meist über eine Zählbarmachung durch mehrstufige Operationalisierungen begegnet wird[66]. Präzise formulierte qualitative Marketingziele, die den hohen Anforderungen an die Operationalität gerecht werden, helfen zum einen dabei, den Mitarbeitern zu verdeutlichen, in welche Richtung sich das Unternehmen entwickeln soll und zum anderen ermöglichen diese Steuerungsgrößen eine anschließende Erfolgskontrolle[67]. Ein Formulierungsvorschlag kann z.B. für das Marketingziel „Bekanntheit aufbauen" wie folgt lauten: Der ungestützte Bekanntheitsgrad des Unternehmens soll im Einzugsgebiet der eröffneten Filialen von 0% auf 40% mit der Werbekampagne zum Markteintritt gesteigert werden.

2.2.2 Quantitative Marketingziele

Quantitative Marketingziele sind ökonomische Zielstellungen, die unmittelbar in Zahlen ausgedrückt und gemessen werden können[68]. Für deutsche Lebensmittel-Discounter, die den Eintritt in den bulgarischen Absatzmarkt planen, lassen sich bspw. folgende Ziele benennen:

- Marktziele (z.B. Umsatz, Absatz, Marktanteil, Anzahl der Standorte, Kundenanzahl, Kauffrequenz, Kassenposten pro Tag)
- Ertragsziele (z.B. Gewinn, Cash-Flow, Rentabilität, ROI, Deckungsbeitrag)

---

[64] Vgl. Meffert (2000), S. 78; Vgl. Ramme (2004), S. 10.
[65] Vgl. Meffert/Bolz (1998), S. 101; Vgl. Meffert at al. (2008), S. 247.
[66] Vgl. Meffert (2000), S. 78; Vgl. Ramme (2004), S. 9.
[67] Vgl. Ramme (2004), S. 9; Vgl. Tietz (1993), S. 64f.
[68] Vgl. Meffert (2000), S. 76; Vgl. Meffert/Bolz (1998), S. 100f.; Vgl. Ramme (2004), S. 9.

Formulierungsvorschläge für einzelne quantitative Marketingziele stellen sich bspw. wie folgt dar:

- Innerhalb der ersten vier Wochen nach dem Markteintritt soll sich die Anzahl der Filialstandorte von 0 auf mindestens 10 Stück erhöhen.
- Vier Wochen nach Eröffnung der einzelnen Filialen soll die Anzahl der Kassenposten pro Tag je Standort mindestens 500 Stück betragen.
- Vier Wochen nach Eröffnung der einzelnen Filialen soll mindestens 10.000 Lew Tagesumsatz je Standort erreicht werden.
- Der Marktanteil im Einzugsgebiet der einzelnen Standorte soll 1 Monat nach Geschäftsaufnahme mindestens 10% betragen.

Die hier skizzierten Oberziele sowie die formulierten qualitativen und quantitativen Marketingziele werden im Kap. 5 bei der Einzelbetrachtung der absatzpolitischen Marketinginstrumente sowie der Ableitung zielführender Handlungsvorschläge wieder aufgegriffen.

3 Mögliche Markteintrittsstrategien und Strategie-Empfehlung für deutsche Lebensmittel-Discounter beim Markteintritt auf dem bulgarischen Absatzmarkt

3.1 Die Niedrigpreisstrategie der deutschen Lebensmittel-Discounter als Voraussetzung für den Markteintritt auf dem bulgarischen Absatzmarkt

Um die ausgeführten grundlegenden Unternehmensziele zu erreichen, haben sich die Discounter im Wettbewerb entsprechend strategisch positioniert. Unter dieser Positionierung sind Handlungskonzepte zu verstehen, welche langfristig angelegt sind und von den deutschen Anbietern bereits jahrzehntelang erfolgreich umgesetzt werden[69]. Die getroffenen miteinander zusammenhängenden Strategieentscheidungen in den drei Kategorien Leistungs-, Markt- und Konkurrenzstrategien, die *Lerchenmüller* für den Handel unterscheidet[70], lassen sich für die Lebensmittel-Discounter wie folgt skizzieren (s. Abb. 5).

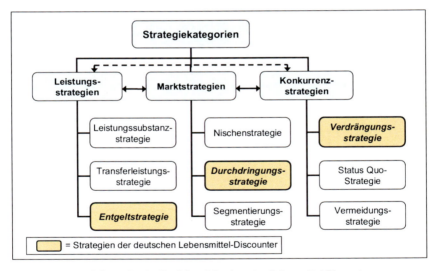

Abb. 5: Strategien des Handels und der deutschen Lebensmittel-Discounter,
Quelle: Eigene Darstellung in Anlehnung an Lerchenmüller (2003), S. 362.

---

[69] Vgl. Lerchenmüller (2003), S. 362.
[70] Vgl. Ebd.

Mit der Wahl der konkreten Leistungsstrategie wird die generelle Leistungsidee festgelegt[71]. Mit dieser Unique Selling Proposition[72] (USP) wird die Sonderstellung und die Einmaligkeit aus Konsumentensicht erreicht, mit der das Handelsunternehmen auf dem Markt antritt und sich vom Wettbewerb differenziert[73]. Die Lebensmittel-Discounter verfolgen hierzu eine Entgeltstrategie, bei der ein niedriger Preis im Mittelpunkt der Handelspolitik steht[74]. Die Grundlage für diese günstigen Verkaufspreise ist die Erlangung der Kostenführerschaft[75], die die Effizienz aller Geschäftsprozesse voraussetzt[76].

Die ausgewählte Marktstrategie, mit der die deutschen Lebensmittel-Discounter den Markt bearbeiten, ist die Durchdringungsstrategie. Die Anbieter versuchen dabei das vorhandene Marktpotenzial für die preiswerte Lebensmittel-Massenware durch Intensivierung des Absatzes in bestehenden Märkten auszuschöpfen[77].

Im Verhalten gegenüber der Konkurrenz verfolgen die Lebensmittel-Discounter die Verdrängungsstrategie, welche ein aggressives Agieren am Markt erfordert, um Marktanteile von Wettbewerbern abzuziehen[78].

Bei der Analyse der kundenbezogenen Einflussfaktoren (s. Abschn. 4.1.2.1) wird deutlich, dass das Einkommensniveau und die damit verbundene Kaufkraft der bulgarischen Bevölkerung im europäischen Vergleich besonders gering sind[79]. Bei zusätzlicher Betrachtung der Ausgabenstruktur der bulgarischen Privathaushalte ist zu erkennen, dass die finanziellen Spielräume insgesamt sehr gering sind und der Anteil der Ausgaben für Lebensmittel sehr hoch ausfällt[80]. Dies lässt bereits an dieser Stelle die Prognose zu, dass der bulgarische Konsument bei Nahrungsmitteln sehr preissensibel ist und das bewährte Discountkonzept auf hohe Akzeptanz stoßen wird. Die aggressive Niedrigpreisstrategie der deutschen Lebensmittel-Discounter wird somit die Hauptvoraussetzung für den Eintrittserfolg bei der Eroberung des bulgarischen Absatzmarktes sein.

---

[71] Vgl. Lerchenmüller (2003), S. 362.
[72] Grundsätzlich wird im Marketing unter dem Begriff USP das am Markt wahrnehmbare Alleinstellungsmerkmal eines Unternehmens verstanden. Vgl. Ramme (2004), S. 221ff.
[73] Vgl. Lerchenmüller (2003), S. 360ff.; Vgl. Liebmann/Zentes (2001), S. 611.
[74] Vgl. Lerchenmüller (2003), S. 363.
[75] Kostenführerschaft bedeutet relative Gesamtkostenvorteile zu haben, die sich i.d.R. in Form von niedrigen Preisen niederschlagen, aber auch Auswirkungen auf die Rentabilität des Unternehmens haben. Vgl. Venzin et al. (2003), S. 159.
[76] Vgl. Morschett (2006), S. 536.
[77] Vgl. Ernst (1999), S. 79; Vgl. Lerchenmüller (2003), S. 363; Vgl. Meffert et al. (2008), S. 261.
[78] Vgl. Lerchenmüller (2003), S. 364.
[79] Vgl. BNB (2009), S. 1; Vgl. GfK GeoMarketing (2009), S. 1.
[80] Vgl. NSI (2009b), S. 5f.

3.2 Markteintrittsstrategien

3.2.1 Timingstrategien

Bei der Erschließung eines neuen Auslandsmarktes stellt der Faktor Zeit ein bedeutendes Entscheidungsfeld dar, das in der Forschung zur sog. länderspezifischen Timingstrategie untersucht wird[81]. Um den optimalen Markteintrittszeitpunkt festzulegen, wird nach *Robinson/Fornell* in eine Pionier- und Folger-Strategie unterschieden[82].

3.2.1.1 Pionier-Strategie

Der Pionier tritt als erster auf dem neuen Absatzmarkt ein[83]. Die Eröffnung einer Repräsentanz im Markt bedeutet noch nicht, dass das Unternehmen der Pionier ist, denn erst die operative Handelsgeschäftsintensität entscheidet darüber[84]. Die Pionier-Strategie verfolgt als übergeordnetes Ziel den Aufbau eines temporären Angebotsmonopols[85]. Sie kann für einen etablierten Markt nur gegenüber internationalen und nicht gegenüber nationalen bzw. lokalen Wettbewerbern angewandt werden, da diese bereits dort tätig sind[86]. Ein zentraler Beweggrund, als Erster auf einem neuen ausländischen Markt einzutreten, ist der angestrebte Aufbau von erheblichen langfristigen Wettbewerbsvorteilen, die sich aus dem Zeitvorsprung gegenüber möglichen Konkurrenten ergeben[87]. Diese sind vielfältig und stellen zahlreiche Markteintrittsbarrieren für die potentiellen Folger dar[88]. An dieser Stelle ist es wichtig zu erwähnen, dass Unternehmen, die diese Strategie verfolgen, auch selber ein hohes Ausmaß an länderspezifischen Barrieren für den Eintritt überwinden müssen. Diese werden in Abschn. 4.1 als externe Einflussfaktoren behandelt.

Wesentliche Vorteile der First-Mover-Strategie ergeben sich aus den Möglichkeiten der frühzeitigen Entwicklung von marktspezifischem Know-how und dem Aufbau einer starken Marktposition[89]. Zusätzlich ergeben sich für den Vorreiter einerseits weitere klare Vorteile, die gleichzeitig Barrieren für die Wettbewerber darstellen. Der Eintritt als Erster beinhaltet andererseits aber auch eine Reihe von nicht unerheblichen Risiken, wie z.B. die vergleichsweise höheren Kosten der Markterschließung, die geringe Marktkenntnis hinsichtlich der

---

[81] Vgl. Bogner/Brunner (2007), S. 142; Vgl. Meffert et al. (2008), S. 274; Vgl. Pues (1994), S. 243; Vgl. Wesnitzer (1993), S. 74.
[82] Vgl. Robinson/Fornell (1985), S. 305ff.
[83] Vgl. Kutschker/Schmid (2008), S. 985; Vgl. Meffert et al. (2008), S. 445.
[84] Vgl. Wesnitzer (1993), S. 75.
[85] Vgl. Meffert et al. (2008), S. 446; Vgl. Remmerbach (1988), S. 58.
[86] Vgl. Kutschker/Schmid (2008), S. 985; Vgl. Wesnitzer (1993), S. 74f.
[87] Vgl. Meffert/Bolz (1998), S. 146; Vgl. Meffert/Remmerbach (1999), S. 187.
[88] Vgl. Bogner/Brunner (2007), S. 142; Vgl. Kutschker/Schmid (2008), S. 985; Vgl. Meffert et al. (2008), S. 292; Vgl. Zentes et al. (2006), S. 114.
[89] Vgl. Bogner/Brunner (2007), S. 142; Vgl. Meffert/Bolz (1998), S. 146; Vgl. Meffert et al. (2008), S. 274; Vgl. Meffert/Remmerbach (1999), S. 187.

Nachfrageentwicklung sowie mögliche Fehleinschätzungen und -entscheidungen, welche den Vorteilen gegenüberzustellen sind[90] (s. Anl. 11).

3.2.1.2 Folger-Strategie

Die Folger treten erst dann auf den neuen Absatzmarkt ein, wenn andere diesen bereits bearbeiten[91]. Dabei wird hier die Differenzierung nach einer frühen und späten Folger-Strategie vorgenommen, bei der die frühen Folger Unternehmen sind, die kurze Zeit nach dem Pionier auf dem Markt eintreten[92]. Im Gegensatz dazu agieren die späten Folger, die erst dann in den Markt eintreten, wenn die stärkste Marktdynamik vorüber ist[93]. In Abgrenzung zur Anwendung der Pionier-Strategie ist hier mit sowohl nationalen als auch internationalen Wettbewerbern zu rechnen[94].

Der frühe Nachzügler sieht im Pionier einen Wegbreiter für seine Expansion, trifft auf eine ähnliche Marktsituation, kann aber an bereits gesammelten Erfahrungen partizipieren[95]. Um unnötige Fehlentwicklungen, die z.B. hohe Markteintrittskosten und zeitliche Verzögerungen verursachen können, zu vermeiden, bedarf es des Zugangs zu der Wirksamkeitsanalyse der Markteintrittsaktivitäten des Pioniers. „In den Genuss der pionierspezifischen Vorteile gelangt der frühe Folger nur teilweise."[96] Ist eine hohe Markttransparenz gegeben und erhält er nützliche Informationen von dem Vorreiter, so kann er einerseits eine Reihe von Vorteilen aus der möglichen Fehlervermeidung generieren[97]. Andererseits sind mit dieser Strategie aber auch Nachteile verbunden, die Risiken darstellen können, wie z.B. die erforderliche Überwindung der Markteintrittsbarrieren, die der Pionier bereits aufgebaut hat, die Gewinnung von Vertrauen bei potentiellen Kunden sowie Mitarbeitern und das erforderliche aufbrechen von bestehenden Geschäftsbeziehungen[98] (s. Anl. 12).

Der späte Nachzügler tritt zu einem Zeitpunkt auf dem Markt ein, zu dem ein deutlich beschleunigtes Marktwachstum zu erkennen ist, und kann durch bereits weitgehend gefestigte Marktstrukturen gezielter agieren[99]. Durch den größeren Zeitabstand hat er die Möglichkeit, an den umfangreichen Erfahrungen der Vorreiter sowie seiner frühen Folger bei der Entwicklung seiner eigenen Markteintrittsstrategie zu partizipieren[100]. Spätestens mit dem Eintritt des Marktes in die Sättigungsphase kommt es sukzessive zu verstärktem Verdrängungswettbewerb und der späte Folger wird sich nur durch eine starke Konfrontation Zugang zum Markt

---

[90] Vgl. Bogner/Brunner (2007), S. 142; Vgl. Meffert et al. (2008), S. 292.
[91] Vgl. Kutschker/Schmid (2008), S. 986.
[92] Vgl. Meffert et al. (2008), S. 274 u. 445.
[93] Vgl. Meffert et al. (2008), S. 445.
[94] Vgl. Kutschker/Schmid (2008), S. 986.
[95] Vgl. Herold (1992), S. 177; Vgl. Remmerbach (1988), S. 189.
[96] Herold (1992), S. 178.
[97] Vgl. Meffert et al. (2008), S. 446; Vgl. Neubert (2008), S. 50.
[98] Vgl. Meffert et al. (2008), S. 446.
[99] Vgl. Herold (1992), S. 179; Vgl. Meffert et al. (2008), S. 274; Vgl. Remmerbach (1988), S. 56.
[100] Vgl. Remmerbach (1988), S. 199.

verschaffen können[101]. Der späte Nachzügler hat somit einerseits den Vorteil des insgesamt geringeren Marktrisikos, da er die Marktentwicklung länger abgewartet hat, andererseits besteht das Risiko, dass die Marktpotentiale bereits verteilt sind (s. Anl. 13).

3.2.2 Markteintrittsformen

3.2.2.1 Markteintrittsformen im Überblick

Bei der Expansionsplanung muss die Entscheidung über die grundsätzliche Frage der Markteintrittsform getroffen werden. Die Wahl der Form des institutionellen Arrangements hängt von vielen verschiedenen sich überschneidenden Kriterien und Dimensionen ab, wie z.B. der Höhe der erforderlichen Kapital-, Mitarbeiter- und Zeit-Ressourcen[102]. Diese sog. internen Einflussfaktoren werden für die expandierenden deutschen Discounter im Abschn. 4.2 detailliert erläutert.

Grundsätzlich gibt es für Unternehmen eine Reihe von Internationalisierungsmöglichkeiten, die sich z.B. in Anlehnung an *Meissner* in Abhängigkeit der erforderlichen Intensität der Kapitalbindung und Managementleistung im Stammland einerseits und im Gastland andererseits zuordnen lassen[103] (s. Anl. 14). Im Rahmen dieser Konzeption werden die einzelnen Markteintrittsformen in Anlehnung an die Wege zur Unternehmensvergrößerung nach *Lerchenmüller* (s. Abschn. 2.1.1) und die Systematisierung von *Remmerbach* danach unterschieden, ob die Expansion der Handelsunternehmen auf dem Absatzmarkt primär durch internes oder externes Wachstum vorangetrieben wird[104]. Die Bezeichnungen der konkreten Markteintrittsvarianten für den Lebensmitteleinzelhandel wurden einer speziellen branchenbezogenen KPMG-Marktstudie entnommen[105].

---

[101] Vgl. Becker (2006), S. 401; Vgl. Herold (1992), S. 180.
[102] Vgl. Liebmann/Zentes (2001), S. 265; Vgl. Lingenfelder (1998), S. 159.
[103] Vgl. Meissner (1995), S. 51.
[104] Vgl. Lerchenmüller (2003), S. 321; Vgl. Remmerbach (1988), S. 23.
[105] Vgl. KPMG (2004), S. 58ff.

Ein Überblick über die relevanten Markteintrittsformen wird in der Abb. 6 dargestellt.

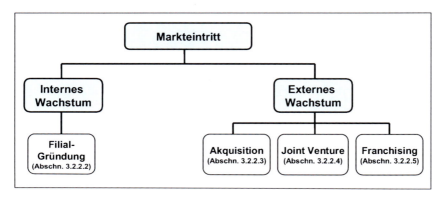

Abb. 6: Markteintrittsformen im Lebensmitteleinzelhandel,
Quelle: Eigene Darstellung in Anlehnung an KPMG (2004), S. 58ff.; Lerchenmüller (2003), S. 321; Remmerbach (1988), S. 23.

Über diese für den Lebensmitteleinzelhandel relevanten Formen des Markteintrittes hinaus gibt es auch weitere Markteintrittsstrategien wie z.B. die Lizenzierung oder sog. Management- und Know-how-Verträge, die hier keine Berücksichtigung finden, da sie entweder für den stationären Einzelhandel nicht möglich sind oder hier keine Rolle spielen[106].

Bei dem internen Wachstum handelt es sich um einen selbstständigen bzw. eigenständigen Markteintritt, wobei sich das Unternehmen auf die vorhandenen Fähigkeiten und Kapazitäten beschränken muss[107]. Dagegen wird bei einem unselbstständigen bzw. nicht-selbstständigen Eintritt durch externes Wachstum versucht, sich die erforderlichen Ressourcen und Fähigkeiten durch ein bereits im angestrebten Zielmarkt bestehendes Unternehmen anzueignen[108]. In den folgenden Abschnitten werden die verschiedenen Markteintrittsformen genauer erläutert.

3.2.2.2 Filialgründung

Die Markterschließung durch Aufbau von eigenen Filialen in dem Expansionsland stellt besonders für Handelsunternehmen die wichtigste Markteintrittsform dar[109]. Für diese Art von Eintritt wird meist erst eine Repräsentanz[110] eröffnet, die die Vorbereitung der Markterschlie-

---

[106] Vgl. Anderer (1997), S. 30.
[107] Vgl. Meffert/Remmerbach (1999), S. 181f.; Vgl. Remmerbach (1988), S. 22ff.
[108] Vgl. Meffert/Remmerbach (1999), S. 182; Vgl. Remmerbach (1988), S. 24.
[109] Vgl. Zentes/Anderer (1993), S. 22.
[110] Eine Repräsentanz ist meist ein kleines Büro mit einem oder wenigen Mitarbeitern. Sie ist keine eigenständige juristische Person, ist nicht bilanzpflichtig und unterliegt nicht der Körperschaftssteuerpflicht. Vgl. bfai (2008c), S. 39; Vgl. Germany Trade and Invest (2009a), S. 10; Vgl. Kutschker/Schmid (2008), S. 254.

ßung unterstützt und vor allem die Aufgabe der Markterkundung sowie den Aufbau und die Pflege von Kontakten zu den maßgeblichen Aufsichtsorganen übernimmt[111].

Für die konkrete Umsetzung des Markteintrittes wird diese physische Präsenz in eine Niederlassung oder eine selbstständige Tochtergesellschaft umgewandelt. *Neubert* sieht für die riskante Phase des Eintritts die Gründung einer Niederlassung als vollkommen ausreichend an. Er empfiehlt aber aufgrund der zahlreichen zivil- und aufsichtsrechtlichen Haftungspotenziale, dass diese nicht Teil der Muttergesellschaft wird, sondern vielmehr Bestandteil einer anderen Tochtergesellschaft sein sollte.[112] Spätestens mit der weiteren Expansion und ab einer bestimmten Unternehmensgröße ist trotz höheren Kosten die Gründung einer Tochtergesellschaft empfehlenswert, wobei die längeren Genehmigungsfristen berücksichtigt werden müssen[113].

Die Grundvoraussetzung für eine erfolgreiche Expansion auf einem ausländischen Markt mittels Filialgründung liegt in der Existenz einer exportierbaren Betriebsform, die in ihrem Stammland über eine aufgebaute USP verfügt[114]. Zu den weiteren Voraussetzungen zählen die ausreichenden Managementressourcen sowie die erforderlichen finanzielle Ressourcen, die überwiegend für die Schaffung der Infrastruktur benötigt werden[115]. Dieses interne Wachstum ist vor allem durch die zentrale Steuerung des Auslandsmarktengagements gekennzeichnet, die durch die etablierte unmittelbare und eigenständige Präsenz der Unternehmung im Gastland gewährleistet wird[116]. Daraus resultierend ergeben sich auf der einen Seite vielfältige positive Effekte wie z.B. die schnelle Expansionsmöglichkeit des Gesamtsystems und die starken Kontrollmöglichkeiten durch die zentrale Unternehmensleitung, die verstärkt durch die bei der Multiplikation eines bewährten Konzeptes entstehenden Synergien eine Reihe von weiteren Vorteilen bieten[117]. Mit dieser Art von internationalem Engagement sind auf der anderen Seite besonders hohe Risiken verbunden wie bspw. die relativ geringe Markteintrittsgeschwindigkeit durch die sukzessive Standorterweiterung, die nicht zuletzt durch unzureichende Marktkenntnis verursacht sind[118]. Diese müssen in Kauf genommen werden und sind als Nachteile den Vorteilen gegenüberzustellen[119] (s. Anl. 15).

3.2.2.3 Akquisition

Die Internationalisierung kann auch durch den Ressourcenerwerb von bereits bestehenden Einzelhandelsunternehmen vollzogen werden[120]. „Die Akquisition beinhaltet prinzipiell jede

---

[111] Vgl. Kutschker/Schmid (2008), S. 254; Vgl. Neubert (2008), S. 211.
[112] Vgl. Neubert (2008), S. 211.
[113] Vgl. Neubert (2008), S. 212.
[114] Vgl. Liebmann/Zentes (2001), S. 230; Vgl. Zentes/Ferring (1995), S. 419.
[115] Vgl. Liebmann/Zentes (2001), S. 230.
[116] Vgl. Liebmann/Zentes (2001), S. 267.
[117] Vgl. Liebmann/Zentes (2001), S. 230f.
[118] Vgl. Liebmann/Zentes (2001), S. 230 u. 267.
[119] Vgl. Liebmann/Zentes (2001), S. 267.
[120] Vgl. Liebmann/Zentes (2001), S. 242 u. 267; Vgl. Zentes/Ferring (1995), S. 421.

Form von (Mehrheits-)Beteiligungen an und Übernahmen von Unternehmen."[121] Diese externe Wachstumsstrategie wird meist bei nicht oder nur schwer übertragbaren Konzepten gewählt, weil sie einen vergleichsweise einfachen und schnellen Einstieg im angestrebten Auslandsmarkt ermöglicht[122]. Die unterschiedlichen unternehmenskulturellen Teilprägungen müssen bei dieser Wachstumsart im Vergleich zum organischen Wachstum stärker in Kauf genommen werden[123]. Die Akquisitionsstrategie hat das primäre Ziel der kostengünstigen Gewinnung von Marktanteilen sowie der damit verbundenen umfassenden Marktabdeckung, was durch die Integration bereits existierender Kundenverbindungen des übernommenen Unternehmens erreicht wird[124].

Im Folgenden wird die Akquisition in Anlehnung an die o.g. KPMG-Marktstudie zum Lebensmitteleinzelhandel zwischen Mergers & Acquisitions (M&A) und Seed Corn-Akquisition unterschieden[125].

Mit M&A werden grundsätzlich die Möglichkeiten des Zusammengehens mit einem anderen Handelsunternehmen beschrieben, wobei Mergers Verschmelzungen oder Fusionen sind, die zur Auflösung der rechtlichen Selbständigkeit mindestens eines der beteiligten Unternehmen führen. Acquisitions dagegen umfassen darüber hinaus jede Form von Beteiligungen eines Unternehmens an einem anderen, wobei sie häufig anfänglich nicht unbedingt ihre rechtliche Selbständigkeit verlieren und teilweise erst später durch eine vollständige Vereinigung zu einem schon vorhandenen oder einem neuen Unternehmen enden.[126] Bei diesen Markteintrittsformen spielen vor allem die Umsatzhöhe sowie die Größe und Dichte des Filialnetzes des zu akquirierenden Unternehmens eine zentrale Rolle. Die Änderungen und die Anpassungen, die bei der Integration zu bewältigen sind, betreffen insbesondere die Bereiche Einkauf und Marketing.[127]

Die Akquisition einzelner Unternehmensfilialen bis hin zu der vollständigen Übernahme kleinerer Unternehmen ist Teil der sog. Seed Corn-Akquisition. In den Folgejahren werden normalerweise eine große Anzahl an weiteren neuen Filialen eröffnet, um möglichst schnell den lokalen Marktanteil zu erhöhen sowie für die in dem Expansionsland ansässigen Produzenten eine Key Account relevante Größe zu erreichen.[128] Ein Erfolg dieser Expansionsform ist nur dann möglich, wenn das Beteiligungsobjekt ein etabliertes Unternehmen ist, das über eine entsprechende Markenstärke verfügt[129].

Die o.g. Formen der Akquisition haben jeweils spezifische Vor- und Nachteile, die im Entscheidungsprozess zu berücksichtigen sind (s. Anl. 16).

---

[121] Liebmann/Zentes (2001), S. 242.
[122] Vgl. Zentes/Ferring (1995), S. 421.
[123] Vgl. Kutschker/Schmid (2008), S. 808.
[124] Vgl. Eikelmann (2006), S. 33; Vgl. Zentes/Ferring (1995), S. 422.
[125] Vgl. KPMG (2004), S. 58ff.
[126] Vgl. Liebmann/Zentes (2001), S. 242.
[127] Vgl. KPMG (2004), S. 60.
[128] Vgl. KPMG (2004), S. 63; Vgl. Pietersen/Schrahe (2008), S. 241.
[129] Vgl. Bogner/Brunner (2007), S. 138; Vgl. Zentes/Ferring (1995), S. 422.

3.2.2.4 Joint Ventures

Joint Ventures sind Gemeinschaftsunternehmen, die von zwei oder mehreren rechtlich und wirtschaftlich selbstständigen Partnern gegründet und kontrolliert werden, wobei, wenn sie auf internationaler Ebene errichtet sind, mindestens ein Unternehmen oder das Joint Venture selbst im Ausland angesiedelt ist[130]. Der Zweck und die Dauer der Zusammenarbeit, die Höhe der von den Beteiligten einzusetzenden Ressourcen und Erfahrungen sowie die Aufgabenverteilung werden vertraglich festgelegt[131]. Je nach Höhe der Kapitaleinlage werden die Risiken, der Gewinn und die Entscheidungsbefugnisse verteilt[132]. Entscheidender Schlüsselfaktor für einen erfolgreichen Markteintritt ist die sorgfältige Partnerwahl mit Hilfe von klar identifizierten Kriterien für die Beurteilung[133]. Die Suche kann abhängig von der Entfernung zum Heimatmarkt sowie dem Mentalitätsunterschied ungleich schwer ausfallen[134]. Diese Partnerschaftsform ist vor allem für mittelständische Einzelhandelsunternehmen interessant, die oft nicht über das notwendige Kapital für die Internationalisierung verfügen[135]. Durch Joint Ventures können staatliche Barrieren, kartellrechtlicher oder wirtschaftlicher Natur, die bei anderen Markteintrittsformen existieren, umgangen werden[136]. Bei einem Osteuropaengagement kann z.B. der West-Partner Kapital, Know-how und Image zur Verfügung stellen und der östliche Partner kann mit seinen lokalen Kenntnissen z.B. über Distributions-, Beschaffungs- und Arbeitsmarktstruktur zum gemeinsamen Erfolg beitragen[137]. Aus diesem wechselseitigen Austausch an Unternehmensressourcen resultiert einerseits eine Reihe von Chancen, wie z.B. der relativ schnelle Markteintritt und der direkte Marktzugang, die bei ihrer Nutzung Vorteile gegenüber Unternehmen darstellen, die diese Markteintrittsform nicht auswählen (s. Anl. 17). Andererseits ist diese Kooperationsform wesentlich durch eine kurze Lebensdauer gekennzeichnet, womit sich in der Praxis das Problem ergibt, dass diese lediglich als eine zeitlich befristete Lösung anzusehen ist[138].

3.2.2.5 Franchising

Das relativ junge Vertriebssystem Franchising ist eine moderne und zukunftsweisende vertragliche Kooperation zwischen rechtlich und finanziell selbstständigen und bedingt unabhängigen Unternehmen[139]. Der Franchisegeber gewährt seinem Franchisenehmer das Recht, über sein Leistungskonzept zu verfügen[140]. Letzterer übernimmt dieses und entrichtet hierfür eine direkte oder indirekte Gebühr[141]. Dabei wird die Grundidee verfolgt, erprobte Geschäftstypen

---

[130] Vgl. Berndt et al. (2005), S. 147; Vgl. Kutschker/Schmid (2008), S. 254.
[131] Vgl. Berndt et al. (2005), S. 147; Vgl. KPMG (2004), S. 66.
[132] Vgl. Berndt et al. (2005), S. 147.
[133] Vgl. KPMG (2004), S. 66f.
[134] Vgl. KPMG (2004), S. 67.
[135] Vgl. Berndt et al. (2005), S. 148; Vgl. Liebmann/Zentes (2001), S. 267f.
[136] Vgl. Liebmann/Zentes (2001), S. 267.
[137] Vgl. Liebmann/Zentes (2001), S. 268.
[138] Vgl. Blümle/Halm (1994), S. 216f.; Vgl. Lingenfelder (1998), S. 161f.
[139] Vgl. Brodersen (2007), S. 2; Vgl. Skaupy (1995), S. 8.
[140] Vgl. Skaupy (1995), S. 8.
[141] Vgl. Skaupy (1995), S. 8f.

mit geringem Kapitalaufwand seitens des Franchisegebers zu multiplizieren[142]. Im Rahmen der Internationalisierung verdienen zwei Formen besondere Beachtung, nämlich das direkte und indirekte Auslandsfranchising. Bei dem direkten sind die Partner unmittelbar vertraglich verbunden, bei dem indirekten ist eine Institution im Land der Franchisenehmer für den Abschluss der Franchiseverträge eingeschaltet.[143] „Dies kann ein Master-Franchisenehmer sein, aber auch eine Tochtergesellschaft des Franchisegebers oder ein Joint Venture mit einem lokalen Unternehmen."[144] Grundsätzlich bietet diese Markteintrittsform eine gute Möglichkeit für die Auslandsexpansion, da vor allem die Kosten gering und die Risiken begrenzt sind[145]. Dafür fällt aber auch die Profitabilität ebenso gering aus. Im Lebensmitteleinzelhandel wird Franchising unter anderer Bezeichnung (wie z.B. als Kooperationsmodell) praktiziert. Edeka und Rewe schließen beispielsweise Kooperationsverträge mit ihren Partnern ab, welche wie franchiseähnliche Verträge gestaltet sind. Die für diese Untersuchung relevanten Lebensmittel-Discounter betreiben kein Franchising, so dass diese Markteintrittsform hier keine Relevanz hat und diese in den weiteren Ausführungen außer acht gelassen wird.

3.2.3 Empfehlung für die Wahl der Markteintrittsstrategie für deutsche Lebensmittel-Discounter auf dem bulgarischen Absatzmarkt

Bei der Auswahl der Timingstrategie besteht die Herausforderung darin, zum richtigen Zeitpunkt am richtigen Ort zu sein. Auf Basis der Erkenntnisse aus den bisherigen Ausführungen lautet die grundsätzliche Empfehlung im Rahmen des Markteintrittes von deutschen Lebensmittel-Discountern auf dem bulgarischen Absatzmarkt, als Pionier oder früher Folger zu agieren. Dabei wird die Annahme zu Grunde gelegt, dass die Ausschöpfung von Pionier-Gewinnen durch die Ausnutzung des Nachfrageüberhangs, als der wesentliche Vorteil dieser Strategie, zeitlich begrenzt und nicht wiederholbar ist[146]. Die Höhe der Pionier-Vorteile hängt auch von der weiteren Umweltdynamik des betrachteten Marktes, die als externer Einflussfaktor im Vorfeld der Markteintrittsentscheidung untersucht werden muss, sowie von der Größe und der internationalen Erfahrung des expandierenden Unternehmens ab, die als interne Einflussfaktoren zu beleuchten sind[147]. Diese maßgeblichen Determinanten, die beim Eintritt von deutschen Lebensmittel-Discountern auf den bulgarischen Absatzmarkt zu berücksichtigen sind, werden im Kap. 4 tiefergehend analysiert. Wie die Betrachtung der bulgarischen Einzelhandelslandschaft zeigen wird, gibt es dort aktuell eine Marktlücke in der Betriebsform Discounter (s. Abschn. 4.1.2.2). Da es noch keinen einzigen Discounter auf dem bulgarischen Markt gibt[148], bietet sich derzeit noch die Chance, der Erste oder zumindest einer der Ersten zu sein.

---

[142] Vgl. Brodersen (2008), S. 2.
[143] Vgl. Liebmann/Zentes (2001), S. 240.
[144] Liebmann/Zentes (2001), S. 240.
[145] Vgl. Gauss (2008), S. 12.
[146] Vgl. Neubert (2008), S. 209; Vgl. Porter (1999), S. 417.
[147] Vgl. Neubert (2008), S. 50 u. 209f.
[148] Vgl. Germany Trade and Invest (2009c), S. 1.

Ein Markteintritt durch Akquisition ist dann notwendig, wenn Marktanteile, Umsätze und damit Gewinne nicht aus eigener Kraft erzielbar sind und der angestrebte Absatzmarkt durch eine dichte Handelskonzentration charakterisiert ist[149]. Da die deutschen Discounter zum einen über ausreichende finanzielle Ressourcen verfügen und die bulgarische Handelslandschaft zum anderen gegenwärtig einen niedrigen Konzentrationsgrad aufweist, scheidet diese Art der Markterschließung als Entscheidungsalternative zunächst aus[150].

Joint Ventures sind gekennzeichnet durch die schwierige Suche nach geeigneten Partnern und die konfliktbehafteten Abstimmungsprozesse in Bezug auf die Führung[151]. Diese Aspekte, aber auch die durch eine Studie von *Blümle/Halm* gestützte Feststellung, dass ein Joint Venture für den Einzelhandel nur eine kurze Lebensdauer hat, führen zu dem Streben, quasi Herr im eigenen Haus zu sein und die Entscheidungskompetenzen zur nachhaltigen sowie langfristigen Beeinflussung der Existenz in der Hand zu haben[152].

Da die in dieser Untersuchung betrachteten Discountunternehmen keine Franchisesysteme sind, spielt diese Expansionsform zur Erschließung des bulgarischen Absatzmarktes keine Rolle.

In Abwägung der bereits dargestellten Vor- und Nachteile der in Frage kommenden Markteintrittsformen (s. Abschn. 3.2.2) lässt sich im Ergebnis feststellen, dass die Filialgründung zur Umsetzung einer Expansionsstrategie eine überragende Stellung einnimmt. Diese wird auch prinzipiell von international agierenden westlichen Handelskonzernen bevorzugt, vor allem weil sie dabei insgesamt die Kontrolle über das Engagement besitzen[153].

Ableitend daraus wird für deutsche Lebensmittel-Discounter die konkrete Empfehlung ausgesprochen, zur Erschließung des bulgarischen Absatzmarktes die Markteintrittsform Filialgründung mit Priorität umzusetzen. Diese soll zuerst durch eine Repräsentanz gestartet werden, die vor oder spätestens mit der Eröffnung der ersten Filiale in eine Tochtergesellschaft umgewandelt wird. Da die Discounter wegen der Erreichung der erforderlichen Lager- und Transportkostendegressionen mit dem Markteintritt mindestens 10 Filialen eröffnen müssen, wird eine einfache Niederlassung der deutschen Muttergesellschaft nicht ausreichend sein[154].

---

[149] Vgl. Eikelmann (2006), S. 34; Vgl. Zentes/Ferring (1995), S. 422.
[150] Vgl. KPMG (2004), S. 36f.; Vgl. Markova (2008), S. 2; Vgl. o.V. (2008d): Supermarkt für Hypermärkte, S. 28.
[151] Vgl. Lingenfelder (2006), S. 330.
[152] Vgl. Blümle/Halm (1994), S. 216f.; Vgl. Lingenfelder (2006), S. 330.
[153] Vgl. Lingenfelder (2006), S. 330; Vgl. Rudolph (2000), S. 27.
[154] Vgl. Neubert (2008), S. 211f.

4 Einflussfaktoren bei dem Markteintritt von deutschen Lebensmittel-Discountern auf dem bulgarischen Absatzmarkt

Im folgenden Kapitel werden die Einflussfaktoren, die eine maßgebliche Rolle bei dem Markteintritt von deutschen Lebensmittel-Discountern auf dem bulgarischen Absatzmarkt spielen, in Anlehnung an die Systematik von *Ulrich* analysiert und anschließend in einer SWOT-Analyse zusammengeführt[155] (s. Anl. 18).

4.1 Externe Einflussfaktoren

4.1.1 Allgemeine Einflussfaktoren aus dem Expansionsumfeld

4.1.1.1 Ökonomische Einflussfaktoren

Bulgarien gilt als wirtschaftliches Musterland in Südosteuropa[156]. Das Land erwirtschaftete in den letzten Jahren einen durchschnittlichen Zuwachs des realen BIP von rund +6% p.a. (s. Anl. 19). Mit +6,0% im Jahr 2008 lag der Schwarzmeer-Staat an dritter Stelle EU-weit, hinter Rumänien und der Slowakei (s. Anl. 20). Unter dem Einfluss der aktuellen globalen Wirtschaftskrise wird die prognostizierte Wachstumsrate des BIP zwar in den nächsten Jahren deutlich sinken[157]. Mittelfristig ist wegen des enormen Nachholbedarfs auf vielen Ebenen jedoch von einer Fortsetzung des überdurchschnittlichen Wachstumstempos auszugehen[158]. Der feste Lew-Euro-Wechselkurs[159], der im Rahmen des Currency Board im Jahr 1997 vereinbart wurde, erweist sich gerade in der momentanen weltweit schwierigen Situation als große Stütze für Bulgarien[160]. Bereits 2012 könnte, nach bisheriger Planung, der Euro in Bulgarien eingeführt werden, wobei auch ein beschleunigter Beitritt in die Eurozone als Antikrisenmaßnahme in Erwägung gezogen wurde[161].

Nach einigen kräftigen Ausweitungen in den letzten Jahren weist die Leistungsbilanz ein gewaltiges Defizit aus und stellt die größte wirtschaftliche Herausforderung Bulgariens dar[162]. Dies liegt an dem vergleichsweise hohen Importüberschuss, womit die hohen Preise des Weltmarktes ins Land geholt werden[163]. Das kleine Balkanland hatte im Jahr 2008 mit -25,3%

---

[155] Vgl. Ulrich (1990), S. 90.
[156] Vgl. Brüggmann (2009), S. 6; Vgl. Menzel (2009), S. 6.
[157] Vgl. Eurostat (2009a), S. 1.
[158] Vgl. Germany Trade and Invest (2009b), S. 1.
[159] BNB fixer Kurs: 1 Euro=1,95583 Lewa.
[160] Vgl. Brüggmann (2009), S. 6; Vgl. Engel (2008), S. 46; Vgl. F.A.Z.- Institut/Rödl & Partner (2007), S. 12; Vgl. Germany Trade and Invest (2009b), S. 1; Vgl. o.V. (2009f): Currency Board, S. 1.
[161] Vgl. o.V. (2008e): Bulgariens Wirtschaft, S. 4; Vgl. o.V. (2009e): Eurozone-beitritt, S. 11.
[162] Vgl. Brüggmann (2009), S. 6; Vgl. F.A.Z.- Institut/Rödl & Partner (2007), S. 14; Vgl. Menzel (2009), S. 6; Vgl. o.V. (2009f): Currency Board, S. 2
[163] Vgl. o.V. (2008e): Bulgariens Wirtschaft, S. 4.

das höchste Leistungsbilanzdefizit aller EU-Staaten[164]. Zwar geht infolge der Wirtschaftskrise das Defizit vor allem wegen der rückläufigen Nachfrage und der damit verbundenen schrumpfenden Importe zurück, aber im europäischen Vergleich bleibt der Wert immer noch hoch[165]. Insbesondere durch die Warenimporte einerseits und die Kapitalimporte sowie den ADI andererseits, steigt insgesamt die Auslandsverschuldung Ende 2008 auf 107,7% des BIP an[166]. Setzt sich diese Entwicklung fort, könnte dies zu einer Abwertung der nationalen Währung führen[167].

Das jüngste EU-Mitglied hat eine niedrige Staatsverschuldung, was ihm sehr zugute kommt. Der Berg von öffentlichen Schulden, der im Jahr 2004 noch ganze 40,1% des BIP betrug, wurde dank nachhaltiger fiskalischer Disziplin erfolgreich auf 16,1% des BIP im Jahr 2008 abgebaut[168].

Die seit 2004 stark wachsende Inflationsrate erreichte im Jahr 2008 einen besorgniserregenden Wert von +12%. Der Anstieg der Verbraucherpreise ist fast zu zwei Dritteln auf höhere Lebensmittel- und Transportkosten zurückzuführen[169]. Ein positiver Nebeneffekt der Finanz- und Wirtschaftskrise ist der deutliche Rückgang der Inflation, prognostiziert auf +2,6% für 2009 und nur noch +1,0% für 2010[170].

Die durchschnittliche Arbeitslosenquote in Bulgarien sank kontinuierlich von 12,2% in 2004 auf 6,3% im Jahr 2008. Betroffen sind vor allem wenig qualifizierte Personen und junge Menschen[171]. Als negative Auswirkung der Wirtschaftskrise wird auch in diesem EU-Land ein Anstieg der Arbeitslosenquote erwartet. Ein Vergleich mit der Eurozone für bspw. April 2009 zeigt, dass sich die Arbeitslosenquote mit 6,2% noch in Grenzen hält und deutlich unter dem EU-Durchschnitt von 8,6% liegt (s. Anl. 21).

Zusätzlich sind an dieser Stelle weitere wichtige makroökonomische Indikatoren der bulgarischen Wirtschaft von 2004 bis 2008 (wie z.B. die Entwicklung des durchschnittlichen Monatslohns, der Auslandsverschuldung und der ADI) zu betrachten inkl. vorhandener Prognosen für 2009 und 2010 (s. Anl. 22).

4.1.1.2 Politische Einflussfaktoren

Seit 1989 ist die politische Lage des Landes durch die schwierige Transformationsphase, starke wirtschaftliche Schwankungen und häufige Regierungswechsel geprägt. Bulgarien trat im Jahr 2004 der NATO und 2007 der EU bei, was wesentlich zur Stabilisierung des Landes

---

[164] Vgl. Brüggmann (2009), S. 6.
[165] Vgl. o.V. (2009f): Currency Board, S. 1; Vgl. o.V. (2009g): Krise treibt externe Defizite nach unten, S. 10.
[166] Vgl. o.V. (2009f): Currency Board, S. 1f.
[167] Vgl. o.V. (2009i): Fitch bestätigt Bonitätseinstufung, S. 8; Vgl. o.V. (2009f): Currency Board, S. 2.
[168] Vgl. F.A.Z.- Institut/Rödl & Partner (2007), S. 12.
[169] Vgl. Kreditschutzverband von 1870 (2008), S. 4.
[170] Vgl. Projektgruppe Gemeinschaftsdiagnose (2009), S. 33.
[171] Vgl. F.A.Z.- Institut/Rödl & Partner (2007), S. 10.

beitrug.[172] In Bulgarien regierte seit 2005 eine sozialistische Drei-Parteien-Koalition[173]. Die Bulgaren hatten am 05.07.2009 mit einer Wahlbeteiligung von 60,2% erstmals seit ihrem EU-Beitritt ein neues nationales Parlament gewählt[174]. Insgesamt 20 Parteien hatten sich um die 240 Mandate beworben. Überzeugender Sieger dieser Parlamentswahlen war die rechte Opposition und insbesondere die konservative Partei GERB (Bürger für eine europäische Entwicklung Bulgariens), die mit 39,72% und damit 116 Sitzen die absolute Mehrheit nur knapp verfehlte und vor dieser Wahl nicht im Parlament vertreten war.[175] Mit dem Wahlergebnis hatten sich die Bulgaren für einen deutlichen Regierungswechsel Richtung rechts entschieden und der bestehenden sozialistischen Regierung einen klaren Denkzettel verpasst, die die Korruption im Land nicht wirksam bekämpft und damit den Stopp von EU-Geldern verursacht hatte[176].

Korruption und organisierte Kriminalität sind immer noch die Hauptkritikpunkte der EG-Kommission. Im Rahmen des sog. Kooperations- und Kontrollverfahrens verpflichtete sich die Kommission der EG, Bulgarien bei der Beseitigung der bestehende Defizite in den Bereichen Justizreform und Bekämpfung der Korruption sowie des organisierten Verbrechens zu unterstützen und gleichzeitig die Fortschritte zu überprüfen. In einem am 12.02.2009 veröffentlichten Zwischenbericht der EG-Kommission heißt es dazu, dass beim Kampf gegen Korruption und organisiertes Verbrechen noch überzeugende und greifbare Ergebnisse fehlen.[177]

Nicht nur fehlende Fortschritte, sondern eine Verschlechterung ist im Korruptionsvergleich von Transparency International in den letzten Jahren erkennbar[178]. So stürzte Bulgarien von Platz 47 im Jahr 2001 auf Platz 72 im Jahr 2008 ab[179] (s. Anl. 23). Insbesondere wegen Bestechungen oder Verflechtungen der Politik mit organisierten Kriminellen bestehen nach Angaben von vor Ort ansässigen Unternehmen erhebliche Rechtsunsicherheiten und bürokratische Hürden[180]. Diese sind für die Bevölkerung kostspielig und wirken investitionshemmend[181].

4.1.1.3 Rechtliche Einflussfaktoren

Das größte Problem des Balkanlands ist immer noch ein nicht ausreichend funktionierendes Rechtssystem, was sich durch die oben beschriebene Korruptionsproblematik verschärft. Im Rahmen des dritten EG-Kommissionsberichtes vom 23.07.2008 wurde die Durchführung der Justizreform positiv hervorgehoben sowie die bereits erfolgten institutionellen und verfah-

---

[172] Vgl. bfai (2008c), S. 13.
[173] Vgl. F.A.Z.- Institut/Rödl & Partner (2007), S. 6.
[174] Vgl. Below/Wankow (2009), S. 1f.; Vgl. o.V. (2009m): Parlamentswahl, S. 1f.
[175] Vgl. Zentrale Wahlkommission (2009a), S. 1; Vgl. Zentrale Wahlkommission (2009b), S. 1.
[176] Vgl. o.V. (2009m): Parlamentswahl, S. 1f.
[177] Vgl. Kommission der EG (2009), S. 3.
[178] Vgl. Transparency International (2001), (2002), (2003), (2004), (2005), (2006), (2007), (2008), jeweils S. 1.
[179] Vgl. Transparency International (2001) u. (2008), S. 1.
[180] Vgl. Brüggmann (2009), S. 6.
[181] Vgl. bfai (2008c), S. 13.

renstechnischen Änderungen in diesem Bereich[182]. Beispielsweise wurde das Rechtssystem erfolgreich mit dem Acquis Communautaire (gemeinschaftlicher Besitzstand) harmonisiert, so dass die gesetzlichen Bestimmungen in Bulgarien vergleichbar mit Regelungen in anderen Märkten sind[183]. Jedoch fehle es noch an hinreichender praktischer Umsetzung und konkreten Ergebnissen[184]. Die Mängel des Rechtssystems liegen vor allem an der zu hohen personellen Machtkonzentration und an der Überbürokratisierung.

Bulgarien besitzt heute ein vorteilhaftes Steuerrecht. Der Körperschaftssteuersatz wurde Anfang 2007 auf nur noch 10% reduziert und liegt damit zusammen mit dem von Zypern auf dem niedrigsten Niveau in der EU[185] (s. Anl. 24). Es gilt eine Gleichbehandlung für Investoren unabhängig von ihrer Herkunft[186]. Das Land hat mit mehr als 60 Staaten Doppelbesteuerungsabkommen abgeschlossen, die eine Steuerentlastung oder einen ermäßigten Steuersatz vorsehen[187]. Mit Deutschland besteht dieses bereits seit 1988 und gilt für Steuern auf Einkommen und Vermögen[188]. Der Einkommensteuersatz ist seit 2008 einheitlich und beträgt 10% (sog. Flat Rate Tax). Der Normalsatz der Mehrwertsteuer beträgt 20%.[189]

Das bulgarische Gesellschaftsrecht entspricht internationalen Standards und ähnelt vor allem auf Grund der historisch bedingten Vorbildfunktion dem deutschen Recht[190] (s. Anl. 25 u. Anl. 26).

Arbeitsrechtliche Belange sind im bulgarischen Arbeitsrechtsgesetz sowie in Kollektivverträgen umfassend geregelt[191]. Die dortigen Normen enthalten Mindeststandards zum Schutz der Arbeitnehmer[192]. Im Gegensatz zu vielen anderen EU-Staaten hat Bulgarien bereits in vollem Umfang die Freizügigkeit von Arbeitnehmern und die Dienstleistungsfreiheit gewährleistet[193]. Unionsbürger benötigen demnach für die Ausübung einer selbständigen oder nicht selbständigen Tätigkeit keine Arbeitserlaubnis[194]. Somit bedarf es beispielsweise für ausländische Manager bzw. Organvertreter von bulgarischen Gesellschaften, für Leiter von Zweigniederlassungen ausländischer juristischer Personen sowie für Schulungspersonal[195] keiner gesonderten Arbeitsbewilligung[196].

---

[182] Vgl. Kommission der EG (2008), S. 3.
[183] Vgl. IBA (2008), S. 3.
[184] Vgl. Kommission der EG (2008), S. 7.
[185] Vgl. Germany Trade and Invest (2009a), S. 12; Vgl. IBA (2008), S. 36; Vgl. Kreditschutzverband von 1870 (2008), S. 10.
[186] Vgl. IBA (2008), S. 3.
[187] Vgl. IBA (2008), S. 47.
[188] Vgl. bfai (2008c), S. 162; Vgl. F.A.Z.- Institut/Rödl & Partner (2007), S. 58.
[189] Vgl. bfai (2008c), S. 155; Vgl. Ganev (2009), S. 10; Vgl. Germany Trade and Invest (2009a), S. 12; Vgl. IBA (2008), S. 49.
[190] Vgl. F.A.Z.- Institut/Rödl & Partner (2007), S. 37.
[191] Vgl. F.A.Z.- Institut/Rödl & Partner (2007), S. 51; Kreditschutzverband von 1870 (2008), S. 16.
[192] Vgl. F.A.Z.- Institut/Rödl & Partner (2007), S. 51.
[193] Vgl. F.A.Z.- Institut/Rödl & Partner (2007), S. 52; Kreditschutzverband von 1870 (2008), S. 16.
[194] Vgl. F.A.Z.- Institut/Rödl & Partner (2007), S. 52; Vgl. Germany Trade and Invest (2009a), S. 10.
[195] Die Tätigkeit des ausländischen Schulungspersonals darf nicht länger als drei Monate dauern. Vgl. Kreditschutzverband von 1870 (2008), S. 16.
[196] Vgl. Kreditschutzverband von 1870 (2008), S. 16.

4.1.1.4 Sozio-kulturelle Einflussfaktoren

Die bulgarische Kultur und die daraus resultierende Bevölkerungsmentalität ist sehr komplex und lässt sich durch die geschichtliche Entwicklung des Landes erklären. Nahezu 800 Jahre der 1.328-jährigen Geschichte befand sich Bulgarien unter fremder Herrschaft und starker Beeinflussung. Erst das byzantinische Imperium (über 170 Jahre), dann unter dem osmanischen Joch (500 Jahre) und nach der Befreiung 1878 mit Hilfe der russischen Armee unter sowjetischem Einfluss. 1944 erfolgte die Besetzung durch die Rote Armee worauf die totalitäre Ära des Kommunismus folgte. Ende 1989 kam die Wende hin zu einem demokratischen System.

Die historisch starke Abhängigkeit von Fremden führt in der Bevölkerung heute noch zu vergleichsweise höherer Angst und Sorge vor der Zukunft[197]. Häufig ist bei den bulgarischen Bürgern die Einstellung vorhanden, dass künftige Geschehnisse nicht durch eigenes Handeln frei gestaltbar sind[198]. Daraus resultiert Passivität, Pessimismus und Konservatismus, was zusätzlich zu Furcht vor Veränderungen führt, weil der Wandel immer mit Verschlechterung der gegenwärtigen Situation assoziiert wird[199]. Unter fremder Herrschaft wurde alles, was zusätzlich hergestellt wurde, beschlagnahmt und jeder, der aufgefallen war oder gute Leistung gezeigt hatte, wurde beobachtet und als Gefahr behandelt[200]. Das erzieht zu Konformismus, Egalitarismus und dem Wunsch nicht aufzufallen, weil es gesünder ist. Demzufolge ist der Bulgare traditionell risikoscheu und bestrebt den Status quo beizubehalten[201]. Er hat das Bedürfnis nach Abhängigkeit und besitzt die Unfähigkeit eigene Entscheidungen zu treffen[202].

Nach einer Studie, die zum letzten Mal im Jahr 2001 durchgeführt wurde, kann die bulgarische Kultur als partikularistisch[203] bezeichnet werden[204]. Demzufolge ist die Nutzung von persönlichen Beziehungen das wichtigste Prinzip im menschlichen Verhalten. Diese, verbunden mit dem Wunsch nach Leistung und Erfolg, bringen nach der geltenden Anschauung die besten Ergebnisse im Arbeitsleben[205]. Weiterhin wurde festgestellt, dass Bulgarien eine diffuse Kultur[206] hat [207]. Dies bedeutet, dass der Beruf Teil des Lebens ist und am Arbeitsplatz sowohl Harmonie als auch Einverständnis gesucht werden, auch wenn dies auf Kosten der Arbeitseffizienz und -produktivität geschieht[208]. Typisch für feminine Gesellschaften, worunter das Balkanland eingestuft wird, ist die vergleichsweise hohe Bedeutung der Freizeit, im

---

[197] Vgl. Genov (2004), S. 187.
[198] Vgl. Genov (2004), S. 152f.
[199] Vgl. Genov (2004), S. 187.
[200] Vgl. Genov (2004), S. 226.
[201] Vgl. Genov (2004), S. 187.
[202] Vgl. Genov (2004), S. 152f.
[203] Partikularistische Kulturen sind beziehungsorientiert, d.h. sie bewerten spezifische Umstände od. persönlicher Hintergründe höher. Im Gegensatz zu universalistischen Kulturen, die sachorientiert sind und hohen Wert auf die Einhaltung universeller Regeln und Prinzipien legen. Vgl. Trompenaars (1993), S. 71f.
[204] Vgl. Silgidžjan et al. (2002), S. 16.
[205] Vgl. Durankev (2004), S. 36; Vgl. Silgidžjan et al. (2002), S. 16.
[206] Bei diffusen Kulturen bestehen keine Grenzen zw. der Arbeits- und Privatsphäre, im Gegensatz zu spezifischen Kulturen, die diese Lebensbereiche klar trennen. Vgl. Trompenaars (1993), S. 109f.
[207] Vgl. Silgidžjan et al. (2002), S. 16.
[208] Vgl. Chavdarova (2004), S. 131f.

Gegensatz zu maskulinen, bei denen diese mit Geld einfach kompensiert werden kann[209]. Demnach herrscht in der Bevölkerung die feminine Einstellung „Arbeiten um zu leben" vor und die Work-Life-Balance besitzt eine überragende Bedeutung[210].

Die Mehrheit der Bevölkerung bekennt sich zur orthodoxen Kirche (ca. 6,8 Mio.), und die Minderheiten vertreten muslimische, katholische, protestantische oder jüdische Glaubensansichten[211]. Die Amtssprache, die den slawischen Sprachen zuzuordnen ist, ist Bulgarisch. Die offiziell verwendete Schrift, welche bereits im neunten Jahrhundert geschaffen wurde, ist kyrillisch[212].

Die beschriebene bulgarische Kultur, Mentalität, Religion und Sprache haben vielfältige Auswirkungen auf das Verhalten der Bevölkerung und zeigen gravierende Unterschiede zu den gewohnten deutschen Verhältnissen, die bereits beim Markteintritt zu beachten sind.

4.1.1.5 Technologische Einflussfaktoren

Einflussfaktoren, wie der Stand der Technologie, die Innovationsfreudigkeit und die Aufgeschlossenheit gegenüber Neuerungen, geben Aufschluss darüber, mit welchen Entwicklungen in dem Land zu rechnen ist oder inwieweit die Attraktivität des Standorts rein unter dem Aspekt billiger Arbeitskräfte einzuordnen ist[213].

In einer Pressemitteilung von Eurostat wurde festgehalten, dass Bulgarien zu den EU-Mitgliedsländern mit der niedrigsten F&E-Intensität zählt. Demnach investiert das osteuropäische Land im Jahr 2006 insg. nur 0,48% des BIP dafür (BRD 2,51% des BIP).[214]

Für die expandierenden deutschen Lebensmittel-Discounter ist der Stand der Infrastruktur in dem Zielland Bulgarien insbesondere bzgl. der auszubauenden Logistik von Bedeutung. Die Kapazität und die Belastbarkeit des bulgarischen Straßennetzes sind unbefriedigend und rund 60% der Nationalstraßen waren 2007 dringend erneuerungs- oder reparaturbedürftig[215]. Aktuell laufen viele Projekte für mehrere Autobahnstrecken, die überwiegend von EU-Mitteln, aber auch aus Haushaltsmitteln und durch Kredite von der Weltbank, finanziert werden[216]. Die meisten davon werden frühestens 2012-2013 fertig gestellt, was vor allem an den gestoppten EU-Überweisungen und Verzögerungen bei den Raumordnungsverfahren liegt[217].

---

[209] Vgl. Hofstede (2006), S. 163f. u. 201; Vgl. Silgidžjan et al. (2002), S. 39.
[210] Vgl. Chavdarova (2004), S. 132; Vgl. Hofstede (2006), S. 201.
[211] Vgl. Auswärtiges Amt (2009), S. 1.
[212] Vgl. o.V. (2009j): Die Heiligen Brüder, S. 30.
[213] Vgl. Kohler (2005), S. 119.
[214] Vgl. Eurostat (2008), S. 1f.
[215] Vgl. bfai (2008c), S. 131f.
[216] Vgl. bfai (2008c), S. 132; Vgl. o.V. (2009a): Finanzierung von Autobahn, S. 13; Vgl. o.V. (2009h): Autobahn „Struma", S. 19; Vgl. o.V. (2009k): ISPA-Mittel, S. 13.
[217] Vgl. o.V. (2009a): Finanzierung von Autobahn, S. 13; Vgl. o.V. (2009h): Autobahn „Struma", S. 19; Vgl. o.V. (2009k): ISPA-Mittel, S. 13.

Laut A.T. Kearney ist die Verfügbarkeit von modernen Einzelhandelsflächen in Bulgarien für das Jahr 2006 besonders gering und beträgt beim modernen Lebensmittel-Einzelhandel nur 49qm pro 1.000 Einwohner (BRD 372qm pro 1.000 Einwohner)[218].

4.1.2 Einflussfaktoren aus den relevanten Teilnehmergruppen auf dem bulgarischen Absatzmarkt

4.1.2.1 Kundenbezogene Einflussfaktoren

Ende 2008 lebten 7,61 Mio. Einwohner in Bulgarien, davon 71% in Stadtbereichen[219]. Insgesamt verfügt das Land über 253 Städte, wovon in 44 mehr als 20.000 Einwohner leben[220] (s. Anl. 27). Das Durchschnittsalter liegt bei 41,5 Jahren, wobei es in den Dörfern 45,4 und in den Städten 39,9 Jahre betrug, was mit der unterschiedlichen Bevölkerungsstruktur im ländlichen und städtischen Raum zusammenhängt[221]. Die Bevölkerung nimmt bereits seit der Wende stark ab, so lebten z.B. 1990 noch 8,67 Mio. Menschen in Bulgarien[222]. Nach Prognosen des Nationalen Statistischen Instituts (NSI), die den Normen der EU entsprechen, schrumpft das Volk bis ins Jahr 2020 auf 7,14 Mio., 2040 auf 6,30 Mio. und im Jahr 2060 sogar auf nur noch 5,48 Mio. Bulgaren[223] (s. Anl. 28).

In den letzten Jahren stiegen die Löhne und die Gehälter in dem neuen EU-Mitgliedsland überdurchschnittlich stark an und kletterten von monatlich ca. 150 Euro im Jahr 2004 um nahezu 80% auf ca. 268 Euro im Jahr 2008[224]. Trotzdem ist die daraus resultierende Kaufkraft je Einwohner für das Jahr 2008 von 2.817 Euro (BRD 18.734 Euro) im europäischen Ländervergleich unterdurchschnittlich und als sehr gering einzustufen (s. Anl. 29 u. Anl. 30). Die kaufkräftigsten Regionen Bulgariens sind die Hauptstadt Sofia sowie Burgas[225] (s. Anl. 31).

Die bulgarische Familie, die 2008 durchschnittlich aus 2,48 Personen bestand, gibt seit Ende der 90er Jahre konstant ca. 85 bis 86% ihres Einkommens für den Konsum aus[226] (s. Anl. 32). Im Rahmen der Analyse der Struktur der privaten Konsumausgaben wird deutlich, dass mehr als ein Drittel des Budgets für Nahrungsmittel (ohne Genussmittel) ausgegeben werden, wobei sich der Anteil seit 1999 von 44,0% kontinuierlich auf 36,6% im Jahr 2008 verringert hat[227] (s. Anl. 32 u. Anl. 33). „Dennoch ist der Anteil der Lebensmittelausgaben noch immer drei Mal so hoch wie im Durchschnitt der EU-25 (12,5%)."[228] Nirgendwo anders in der EU

---

[218] Vgl. A.T. Kearney (2008), S. 11.
[219] Vgl. NSI (2009a), S. 1; Vgl. NSI (2009c), S. 1.
[220] Vgl. NSI (2009c), S. 1ff.
[221] Vgl. bfai (2007), S. 4; Vgl. Eurostat (2009c), S. 10.
[222] Vgl. NSI (2009a), S. 1.
[223] Vgl. NSI (2009a), S. 10.
[224] Vgl. bfai (2008a), S. 6; Vgl. BNB (2009), S. 1.
[225] Vgl. GfK Bulgaria (2008a), S. 21.
[226] Vgl. NSI (2009b), S. 4f.
[227] Vgl. bfai (2007), S. 4; Vgl. NSI (2009b), S. 5.
[228] bfai (2007), S. 4.

spielen die Ausgaben für Kleidung eine solch untergeordnete Rolle. Es wird mehr Geld für Alkoholika und Zigaretten (2008: 4,4%) als für Kleidung und Schuhe (2008: 3,5%) ausgegeben, wobei drastische Unterschiede zwischen Stadt (2007: fast den EU-Durchschnitt von 6%) und Land (2007: kaum mehr als 2%) zu beobachten sind.[229] Im Vergleich der privaten Konsumausgabenstruktur zwischen Bulgarien und der BRD werden signifikante Unterschiede deutlich, die bereits erste Hinweise auf die zukünftig zu erwartenden Entwicklungen geben (s. Anl. 34).

In Ableitung aus der bereits erläuterten Ausgabenstruktur der bulgarischen Bevölkerung lässt sich das Marktpotenzial für Nahrungs- und Genussmittel sowie Tabakwaren von insgesamt 10,16 Mrd. Lew bzw. 5,20 Mrd. Euro im Jahr 2008 errechnen (s. Anl. 35).

In dem Niedriglohnland werden die Kaufentscheidungen vor allem über den Preis geleitet. Dies belegen eindeutig die Untersuchungen der GfK Bulgaria, wonach der typische bulgarische Konsument mit 53% im Jahr 2007 und mit 59% im Jahr 2008 den Gruppen der anspruchslosen Traditionalisten (2007: 30%, 2008: 36%) und der sparsamen Käufer (2007: 23%, 2008: 23%) zugeordnet wird[230].

Die größte identifizierte Käufergruppe der anspruchslosen Traditionalisten ist nirgendwo in Mittel- und Osteuropa so ausgeprägt[231]. Die Vertreter dieser Gruppe sind i.d.R. fortgeschrittenen Alters (Durchschnittsalter 47 Jahre), mit niedrigen bis leicht unterdurchschnittlichen Einkommen (durchschnittlicher Monatslohn ca. 198 Euro), mit niedrigerem Bildungsniveau (Grund- o. Mittelschule) und wohnen überwiegend in ländlicher Gegend und in kleinen Städten mit bis zu 20.000 Einwohnern[232]. Sie kaufen relativ häufig ein, vorwiegend nur die am dringendsten benötigten Waren, und zwar jeweils in geringen Mengen[233]. Die bevorzugten Geschäfte sind die kleinen Läden des eigenen Wohngebiets und die nahe liegenden Supermärkte. Ein breites Sortiment sowie Sonderangebote sind für diese Konsumenten nur von geringer Bedeutung für die Kaufentscheidung.[234]

Die zweitgrößte Gruppe der sparsamen Käufer ist i.d.R. auch fortgeschrittenen Alters (Durchschnittsalter 48 Jahre), erreicht aber fast das durchschnittliche Bevölkerungseinkommen (durchschnittlicher Monatslohn ca. 248 Euro), hat ebenfalls ein niedrigeres Bildungsniveau (Grund- o. Mittelschule) und wohnt ebenso überwiegend in ländlicher Gegend und in Kleinstädten mit bis zu 20.000 Einwohnern[235]. Das Einkaufen erfolgt nahe des Wohnsitzes in den traditionellen Kleingeschäften und in den Minimärkten[236]. Dieser Typ studiert aufmerksam

---

[229] Vgl. bfai (2007), S. 4; Vgl. NSI (2009b), S. 6.
[230] Vgl. GfK Bulgaria (2008a), S. 4.
[231] Vgl. bfai (2007), S. 5; Vgl. GfK Bulgaria (2006), S. 1; Vgl. GfK Bulgaria (2008a), S. 4; Vgl. Radichev (2006), S. 1f.
[232] Vgl. bfai (2007), S. 5f.; Vgl. GfK Bulgaria (2008a), S. 7; Vgl. Radichev (2006), S. 1f.
[233] Vgl. bfai (2007), S. 5; Vgl. Radichev (2006), S. 1f.
[234] Vgl. bfai (2007), S. 6; Vgl. GfK Bulgaria (2008a), S. 7; Vgl. Radichev (2006), S. 1f.
[235] Vgl. GfK Bulgaria (2008a), S. 6; Vgl. Radichev (2006), S. 1f.
[236] Vgl. GfK Bulgaria (2008a), S. 6.

die Flyer zu Sonderangeboten sowie Promotionsaktionen und ist sehr stark an niedrigen Preisen orientiert[237].

Diese zwei Konsumententypen machen nahezu zwei Drittel der bulgarischen Konsumenten aus und weichen in den Eigenschaften und ihrer Kauforientierung unwesentlich voneinander ab. Darüber hinaus gibt es noch sechs weitere Kundentypen, deren Anteile zwischen 2% und 12% im Jahr 2008 variieren (s. Anl. 36).

Trotz der im europäischen Vergleich noch weit unterdurchschnittlichen Einkommen und der damit verbundenen hohen Preissensibilität der bulgarischen Konsumenten ist das Markenbewusstsein erstaunlich stark entwickelt[238]. „Dies ist nicht zuletzt die Folge der jahrzehntelangen Isolierung in einer Defizitgesellschaft, in der – für die Meisten unerreichbare – westliche Marken geradezu fetischisiert und symbolisch überhöht wurden."[239] Auch der Bulgare verbindet mit Marken vor allem Qualitätsaspekte[240]. In einer Befragung über die PKW-Nutzung beim Einkauf von FMCG in Osteuropa von der GfK CEE aus dem Jahr 2007 gaben 51% der Bulgaren an, dass sie kein Auto besitzen, 18% fanden den Einkauf mit dem PKW nicht für sinnvoll, 20% kauften nur bei größeren Einkäufen und in Ausnahmefällen mit dem Automobil ein und lediglich 10% nutzen ihren PKW beim Kauf von FMCG[241] (s. Anl. 37).

4.1.2.2 Branchen- und wettbewerbsbezogene Einflussfaktoren

Die in der bulgarischen Lebensmittel-Branche bestehenden sowie potenziellen Konkurrenten bedürfen einer genauen Analyse, denn diese werden vielfach den Markteintrittserfolg bzw. -misserfolg der deutschen Lebensmittel-Discounter beeinflussen[242]. Zu einer engeren Betrachtung der Stärken und Schwächen des einzelnen Wettbewerbers bieten sich nach *Porter* eine Reihe von Kriterien für jeden Kernbereich des Geschäfts an[243] (s. Anl. 38 u. Anl. 39). Diese notwendige tiefgehende Konkurrenzuntersuchung setzt eine Menge an Daten und Informationen voraus, die oft nicht zu erlangen sind und daher zu einer erschwerten und lückenhaften Analyse führen[244]. In der vorliegenden Studie werden zur Erstellung eines Wettbewerbsprofils[245] zunächst die Top 9 Player anhand von verfügbaren Zahlen und Fakten als relevante Konkurrenz der deutschen Lebensmittel-Discounter identifiziert (s. Anl. 40). Deren Filialen sind überwiegend in den großen Städten wie bspw. Sofia (1.162.898 Einwohner) und Plovdiv (347.600 Einwohner) sowie in den beiden Schwarzmeermetropolen Varna (318.313 Einwoh-

---

[237] Vgl. bfai (2007), S. 5; Vgl. GfK Bulgaria (2008a), S. 6; Vgl. Radichev (2006), S. 1f.
[238] Vgl. bfai (2007), S. 5f.
[239] bfai (2007), S. 5.
[240] Vgl. bfai (2007), S. 5f.
[241] Vgl. GfK CEE (2007), S. 1.
[242] Vgl. Nagel/Wimmer (2004), S. 142.
[243] Vgl. Porter (1999), S. 105ff.
[244] Vgl. Porter (1999), S. 86f.
[245] Vgl. Kerth/Pütmann (2005), S. 135ff.

ner) und Burgas (188.861 Einwohner)[246] angesiedelt, wo auch die höchste Kaufkraft und Bevölkerungsdichte vorhanden ist (s. Anl. 41).

Im Rahmen der Analyse der Entwicklung der Marktanteile der verschiedenen Betriebsformen (s. Abb. 7) ist in den letzten 5 Jahren festzustellen, dass vor allem das Segment der Super- und Hypermärkte in Bulgarien deutlich gewachsen ist.

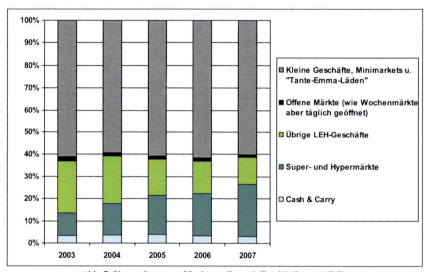

Abb. 7: Umsatzbezogene Marktanteile nach Betriebsformen (BG),
Quelle: Eigene Darstellung, Daten entnommen für 2003-2006 von Kostova (2007), S. 2 und für 2007 von GfK Bulgaria (2008c), S. 1; Kolev (2009), S. 1; Yankova (2009), S. 1.
Hinweis: GfK Bulgaria weist in seinen Analysen für 2007 einen Marktanteil von 4,4% für die Discountschiene aus. Nach den Interviews mit Frau Yankova u. Herrn Kolev (s. Anl. 42 u. Anl. 43) ist an dieser Stelle darauf hinzuweisen, dass hier GfK Bulgaria alleinig den Anteil des Handelsriesen Kaufland aufgenommen hat, der nach der Begriffsdefinition in der vorliegenden Untersuchung nicht den Lebensmittel-Discountern sondern den Hypermärkten zuzuordnen ist. Dieser Anteil wurde deshalb der Position Super- und Hypermärkte zugerechnet.

„In dem EU-Land mit der geringsten Kaufkraft gibt es noch keinen einzigen Discounter"[247], so dass der bulgarische Markt eine Betriebsformenlücke aufweist und noch sehr unreif[248] ist. Aus diesem Blickwinkel heraus ist den erfahrenen deutschen Anbietern ein zügiger Markteintritt anzuraten.

---

[246] Vgl. NSI (2009c), S. 1ff.
[247] Germany Trade and Invest (2009c), S. 1.
[248] KPMG bezeichnet einen Markt mit einem Discountmarktanteil von mehr als 30% als „reifen" Markt. Vgl. KPMG (2004), S. 37.

Weiterhin ist zu erkennen, dass der nicht organisierte Handel jahrelang fast unverändert über einen Anteil von ca. 60% verfügt. Dies zeigt, dass die bulgarische Lebensmittelbranche eine noch sehr niedrige Konzentration aufweist, im Gegensatz zu anderen Märkten in Zentral- und Osteuropa, die bereits durch eine hohe Verdichtung gekennzeichnet sind[249]. Experten und Analysten prognostizieren eine beginnende Konsolidierung mit rascher Entwicklung der Betriebstypen Hyper- und Supermärkte sowie Discounter, die für die bulgarischen Konsumenten neu sind[250].

Seit 4-5 Jahren beabsichtigen die deutschen Lebensmittel-Discounter Lidl, Plus und Penny ihre Expansion nach Bulgarien[251]. Lidl plant in 2010 den Eintritt mit insgesamt 10-12 Märkten sowie mit einem Logistikzentrum[252]. Plus hat bereits einen fertig gestellten Markt, möchte diesen aber erst aufmachen, wenn weitere Filialen gebaut wurden, und hat die Absicht, innerhalb der nächsten 4 Jahre insgesamt etwa 200 Filialen im ganzen Land zu eröffnen[253]. Spätestens nächstes Jahr möchte die Rewe-Discountkette Penny die Pforten der ersten 10 Geschäfte öffnen und plant innerhalb der nächsten 5 Jahre bis zu 100 Filialen, wobei mit dem Bau eines Logistikzentrums bereits Anfang 2007 begonnen wurde[254]. Die 1995 gegründete bulgarische Handelsgruppe Piccadilly hat bereits im vierten Quartal 2008 zwei Geschäfte des Betriebsformats „corner shop" in Sofia eröffnet, welche eine Neuheit in diesem Land darstellen, und plant landesweit noch weitere 40-50 derartige Filialen[255] (s. Anl. 44 u. Anl. 45). Die Shops haben eine Fläche von 300-400qm, liegen nahe am Kunden in den Wohngebieten und haben eine verlängerte Öffnungszeit von 8 bis 22 Uhr[256].

4.1.2.3 Lieferantenbezogene Einflussfaktoren

Um das Oberziel Generierung von Skaleneffekten zu erreichen (s. Abschn. 2.1.2) sowie auf Grund der konsequenten Niedrigpreisorientierung ist es erforderlich, die Produktionsmengen bei den bestehenden Herstellern durch größere Einkaufsvolumina zu erhöhen und damit einen noch höheren Nachlass bei den Lieferanten zu erhalten[257]. Zur umfänglichen Abdeckung des täglichen Lebensmittelbedarfs des bulgarischen Konsumenten ist eine Aufnahme nationaler Spezialitäten über lokale Lieferanten in das Produktangebot unabdingbar (s. Abschn. 5.1.1.1.1), da diese in dem derzeitigen Sortimentsprogramm der deutschen Lebensmittel-Discounter nicht enthalten sind. Die vergleichsweise geringen Löhne, die preiswerten Rohstoffe und die günstigen Energiekosten führen zu insgesamt niedrigen Herstellungs- und

---

[249] Vgl. o.V. (2008d): Supermarkt für Hypermärkte, S. 28.
[250] Vgl. Markova (2008), S. 2; Vgl. o.V. (2008d): Supermarkt für Hypermärkte, S. 28.
[251] Vgl. Ebd.
[252] Vgl. Markova (2008), S. 3; Vgl. o.V. (2008d): Supermarkt für Hypermärkte, S. 28.
[253] Vgl. Markova (2008), S. 3; Vgl. o.V. (2008d): Supermarkt für Hypermärkte, S. 28; Vgl. Transformity Brand & Marketing Consulting (2009a), S. 6.
[254] Vgl. Markova (2008), S. 3; Vgl. o.V. (2008d): Supermarkt für Hypermärkte, S. 28; Vgl. o.V. (2009d): Penny investiert in Bulgarien, S. 4; Vgl. Transformity Brand & Marketing Consulting (2009a), S. 6.
[255] Vgl. Piccadilly (2009a), S. 1; Vgl. Piccadilly (2009b), S. 1.
[256] Vgl. Piccadilly (2009b), S. 1.
[257] Vgl. Accenture/GfK (2008), S. 6; Vgl. Bickelmann (2001), S. 240ff.; Vgl. Liebmann/Zentes (2001), S. 383.

Produktionskosten, so dass für die Umsetzung der verfolgten Niedrigpreisstrategie beste Voraussetzungen vorhanden sind[258].

Aktuell beziehen die Handelsriesen in Bulgarien zwischen 60% und 90% ihrer Lebensmittelware von heimischen Herstellern und Lieferanten. Meistens werden Near- und Non-Food-Produkte importiert. Das Zahlungsziel beträgt üblicherweise zwei Wochen bis zu 40 Tagen, wobei die kleinen Geschäfte i.d.R. sofort, d.h. in bar, zahlen.[259] Die bulgarischen Hersteller, die als Lieferanten von den Discountern ausgewählt werden, müssen eine Reihe an neuen Bedingungen bspw. zur Dokumentation, Qualität aber vor allem Termingenauigkeit erfüllen[260].

Bulgarien hat bereits im Jahr 2006 - schon vor dem EU-Beitritt - alle notwendigen Maßnahmen ergriffen, um die Nahrungsmittelsicherheit und den Verbraucherschutz zu gewährleisten, so dass die bulgarischen Gesetze in diesem Bereich vollkommen den Normen in der EU entsprechen[261]. Seit 2009 verlangen alle großen Handelsketten von ihren Lieferanten IFS-Zertifikate[262] für die Nahrungsmittelsicherheit. Darüber hinaus sind die bulgarischen Hersteller bemüht die ISO 9000 und ISO 2200 Zertifikate zu erlangen, da diese Nachweise die Voraussetzung für die Teilnahme am EU-weiten Handel sind.[263]

4.2 Interne Einflussfaktoren

4.2.1 Einflussfaktoren des expandierenden Discounters

Die deutschen Lebensmittel-Discounter sind entweder in Familienbesitz (wie z.B. Aldi und Lidl) oder gehören zu einer Unternehmensgruppe in der Rechtsform der Genossenschaft (wie z.B. Edeka und Rewe)[264]. Diese Eigentümerstrukturen führen dazu, dass von diesen Anbietern nahezu keine Informationen zu detaillierten Unternehmensdaten oder Strategien an die Öffentlichkeit gelangen[265]. Vor allem Aldi und Lidl stellen sich konsequent gegen die Beobachtung ihrer Geschäfte durch professionelle Marktforscher, was oft Schätzwerte notwendig macht[266].

Seit rund vier Jahrzehnten sind Discounter ein fester Bestandteil des Konsumgüterhandels in Deutschland[267]. In keinem anderen Land Europas spielen sie eine so bedeutende Rolle im

---

[258] Vgl. Murphy/Stratmann (2009), S. 3.
[259] Vgl. Transformity Brand & Marketing Consulting (2009a), S. 10.
[260] Vgl. o.V. (2008d): Supermarkt für Hypermärkte, S. 28.
[261] Vgl. DBIHK (2006), S. 4.
[262] IFS-Zertifikate werden im Rahmen von international anerkannten Auditstandards des Nahrungsmittelgeschäfts vergeben, um die Sicherheit für die Verbraucher kontinuierlich zu verbessern. Vgl. HDE Trade Services GmbH (2009), S. 1.
[263] Vgl. Transformity Brand & Marketing Consulting (2009a), S. 10.
[264] Vgl. KPMG (2004), S. 68.
[265] Vgl. Hintermeier (1998), S. 13; Vgl. Twardawa (2006), S. 379.
[266] Vgl. Twardawa (2006), S. 379.
[267] Vgl. Ebd.

Verbrauchsgüterhandel[268]. Ihre inzwischen immense Zahl von über 15.000 Verkaufsstellen und die damit erreichte Filialdichte sorgen für eine flächendeckende Marktpräsenz (s. Anl. 46), die den Discountern den Titel der echten Nahversorger beschert[269].

Das Absatzgebiet der deutschen Discounter hat seit langer Zeit die nationalen Grenzen überschritten. Bereits Ende der 60er Jahre begann Aldi seine internationale Expansion mit der Akquisition der österreichischen Hofer KG[270]. Schon in den 80er und 90er Jahren entwickelten sich die deutschen Lebensmittel-Discounter zu einem Exportschlager[271]. Lidl und Aldi erwirtschafteten bereits im Jahr 2007 über 70% ihres Umsatzes im Ausland, wohingegen die Internationalisierung bei Plus und Penny vergleichsweise weniger fortgeschritten und Netto überhaupt noch nicht im Ausland aktiv ist (s. Abb. 8).

	Weltweiter Bruttoumsatz (in Mrd. €)	Anteil Auslandsumsatz (in %)	Anzahl Länder gesamt/Westeuropa/Osteuropa (in Stück)	Weltweite Verkaufsstellen (in Stück)	Anteil ausländischer Verkaufsstellen (in Stück)
Lidl	51,9¹	74,8	22/16/6	8.566	66,4
Aldi	38,3¹	72,6	15/12/1	8.281	48,9
Plus	9,6	28,4	9/5/4	4.168	30,1
Penny	8,6²	31,4	6/3/3	2.900	30,2
Netto	3,7	0	1/1/0	1.279	0

¹ Lidl, Aldi Nord und Aldi Süd veröffentlichen keine Zahlen; Angaben sind daher Schätzwerte.
² Bei Penny Nettoumsatz.

Abb. 8: Internationalisierungsgrad deutscher Lebensmittel-Discounter 2007,
Quelle: Eigene Darstellung und Berechnung der Auslandsanteile auf der Datengrundlage des EHI Retail Institute GmbH (2008), S. 120 u. 201.

Die überwiegend europaweite Ausdehnung der deutschen Lebensmittel-Discounter sorgt für solide Erfahrungen im Bereich der Internationalisierung. Diese Kenntnisse verstärkt durch die Niedrigpreispolitik, die Marktanteilsstärke sowie die Reife dieser Betriebsform im Stammland

---

[268] Vgl. Twardawa (2006), S. 380.
[269] Vgl. Accenture/GfK (2008), S. 17f.; Vgl. Hielscher (2008a), S. 16; Vgl. Twardawa (2006), S. 379ff.
[270] Vgl. Accenture/GfK (2008), S. 4; Vgl. KPMG (2004), S. 36.
[271] Vgl. Diller (1999), S. 367; Vgl. Garber/Gerling (2009), S. 11.

(s. Abschn. 1.4) bieten die besten Voraussetzungen für weitere erfolgreiche Internationalisierungsschritte[272].

4.2.2 Einflussfaktoren der Teilunternehmensbereiche des expandierenden Discounters

4.2.2.1 Management

Wie oben bereits festgestellt wurde, verfügt das Management der führenden deutschen Lebensmittel-Discounter bereits über umfassende Auslandsexpansionserfahrungen. Insbesondere werden im Rahmen der Absatzmarkterschließung hohe Anforderungen an die klassischen Managementfunktionen Organisation, Führung, Personalbeschaffung, Planung und Controlling gestellt[273].

Auf Grund der o.g. Eigentümerstrukturen und der damit vorhandenen kurze Entscheidungswege in der Geschäftsführung kann ein neuer Auslandsexpansionsschritt bei den deutschen Lebensmittel-Discountern schnell entschieden und angegangen werden. Die Expansionsmaßnahmen der marktbeherrschenden Unternehmen werden überwiegend aus den Unternehmensgewinnen sowie nach kurzer Zeit durch eine schnelle Expansion über neue Free Cash-Flows finanziert, wodurch die Investitionsvolumina für die Markterschließung vergleichsweise leicht darzustellen sind[274]. Da es sich im Heimatland bereits um ein erfolgreiches Geschäftsmodell handelt, besteht die Hauptaufgabe des Managements bei der Erschließung neuer Absatzmärkte darin, die bewährten Aufbau- und Ablauforganisationsstrukturen vom Inland auf das Ausland zu übertragen.

Herausforderungen hat das Management bei der Personalbeschaffung zu bewältigen. Hier kämpfen die Discounter seit Jahren mit einem großen Imageproblem[275]. Die Managementstrukturen bei den deutschen Lebensmittel-Discountern sind gekennzeichnet von dezentralen Strukturen und flachen Hierarchien, in denen Verantwortung weitgehend delegiert wird[276] (s. Anl. 47). Einerseits führen die stark hierarchischen Unternehmensstrukturen zu einem überdeutlichen extremen Respekt vor der nächsthöheren Ebene und prägen damit den Führungsstil, die interne Kommunikation und die Unternehmenskultur. Andererseits ist es möglich, dass die Discounter aber gerade wegen der starren Hierarchien und festen Strukturen so erfolgreich sind.[277]

---

[272] Vgl. George (1997), S. 132ff.
[273] Vgl. Baršauskas/Schafir (2003), S. 12.
[274] Vgl. KPMG (2004), S. 36f. u. 78; Vgl. Rudolph (2000), S. 25; Vgl. Rudolph et al. (2008), S. 71f.
[275] Vgl. Ludowig (2009), S. 37.
[276] Vgl. Aldi-Süd (2009a), S. 1; Vgl. Aldi-Süd (2009b), S. 1; Vgl. Rudolph et al. (2008), S. 71f.
[277] Vgl. Hintermeier (1998), S. 98f.; Ludowig (2009), S. 39.

Die Managementsysteme sind durch zuverlässige und schnelle Transaktionen gekennzeichnet, die nach vorgegebenen Leistungsmaßstäben abgewickelt werden[278]. Die Führungskräfte zeichnen sich durch hohes Verantwortungsbewusstsein, große Entscheidungs- und Problemlösungskompetenz sowie umfangreiche Branchenerfahrung aus[279]. Da Führungspositionen i.d.R. nur aus den eigenen Reihen besetzt werden, rekrutiert die deutsche Geschäftsführung potenzielle Kandidaten für den Auslandseinsatz oft aus dem Kreise der Bereichsleiter, die sie für geeignet hält[280].

4.2.2.2 Marketing

Um die Dauerniedrigpreise und einen Preisabstand zu den Wettbewerbern sicherzustellen, müssen sich alle marketingpolitischen Instrumente dem Primat des tiefen Preises unterordnen[281]. Die deutschen Discounter konzentrieren sich auf ein beschränktes Sortiment von ca. 1.200 bis 1.500 Artikeln des täglichen Bedarfs[282]. Bei dieser Ware verfügen sie über einen Marktanteil von über 50%[283]. Rund 80% des Umsatzes werden mit Eigenmarken erwirtschaftet, welche nicht nur mit niedrigen Preisen, sondern auch mit einer guten Produktqualität aufwarten, so dass mit einem ausgezeichneten Preis-Leistungs-Verhältnis Kunden gewonnen werden[284]. Die Discounterprodukte bekommen oft gute Rankingergebnisse bei Verbraucherorganisationen, wie z.B. Stiftung Warentest[285]. Über dieses überschaubare ganzjährige Standardsortiment hinaus bieten Discounter zwischen 2.000 und 2.500 Aktionsartikel, oft als spektakuläre Schnäppchen, für jeweils kurze Zeit über das Jahr verteilt an[286].

Discounter verzichten völlig auf Bedienung und Dienstleistungen sowie qualifizierte Beratung, was die Art der standardisierten und wenig erklärungsbedürftigen Güter der Grundversorgung auch problemlos zulässt[287].

Nicht nur das übersichtliche Warenangebot, sondern auch der Ladenaufbau der Filialen, deren äußeres Erscheinungsbild sowie die Platzierung und die Präsentation der Artikel sind einfach und in hohem Maße europaweit standardisiert[288]. Dies sorgt für einen hohen Wiedererkennungswert der Discounter[289]. Die geringe Komplexität und die hohe Kontinuität der Produktpalette beschert den Verbrauchern leichte Orientierung, um den Einkauf schnell und zielgerichtet zu erledigen[290].

---

[278] Vgl. Rudolph (2000), S. 28.
[279] Vgl. Ludowig (2009), S. 36ff.
[280] Vgl. Aldi-Süd (2009a), S. 1; Ludowig (2009), S. 39.
[281] Vgl. Accenture/GfK (2008), S. 6f; Vgl. Lerchenmüller (2003), S. 363; Vgl. Rudolph et al. (2008), S. 101.
[282] Vgl. Accenture/GfK (2008), S. 6f.; Vgl. Lerchenmüller (2003), S. 267.
[283] Vgl. A.T. Kerney (2009), S. 2.
[284] Vgl. Accenture/GfK (2008), S. 7; Vgl. A.T. Kerney (2009), S. 2ff.
[285] Vgl. Accenture/GfK (2008), S. 7.
[286] Vgl. Accenture/GfK (2008), S. 6f.
[287] Vgl. Baum (2002), S. 48f.; Vgl. Lerchenmüller (2003), S. 267.
[288] Vgl. Accenture/GfK (2008), S. 7; Vgl. A.T. Kerney (2009), S. 2; Vgl. Baum (2002), S. 48f.
[289] Vgl. A.T. Kerney (2009), S. 2.
[290] Vgl. Accenture/GfK (2008), S. 7; Vgl. A.T. Kerney (2009), S. 2.

Bis in die 90er Jahre hinein hatten die Discounter kaum in Werbung investiert[291]. Das Preisimage sorgte für eine hohe Bekanntheit und ermöglichte den Verzicht auf vergleichsweise umfassende Werbung[292]. Heutzutage gehören die Lebensmittel-Discounter zu den wichtigsten Anzeigenkunden der deutschen Tagespresse[293]. In diesem Jahr haben Aldi und Lidl sogar ihre Werbeaufwendungen erheblich ausgeweitet, um ihre Umsätze anzukurbeln[294]. Es wird in die klassische Werbung investiert und hier vor allem in Zeitungsanzeigen sowie -beilagen, in 2008 flossen aber erstmalig von Lidl auch rund 27 Mio. Euro in TV-Werbung[295].

Im Rahmen des Beschaffungsmarketing wenden die Discounter ein „marktorientiertes Beschaffungsverhalten"[296] an. Dabei bündeln die Abnehmer ihr Einkaufsvolumen, so dass durch die große Stückzahl höhere Nachlässe bei den Lieferanten erzielt werden können[297]. Sie konzentrieren sich auf einige wenige Lieferanten und üben dort ihr größenbedingtes Machtpotenzial, als Ergebnis der hohen Beschaffungsvolumina, aus, indem sie hohe Qualitätsanforderungen stellen oder dort sogar Preissenkungen durchsetzen[298]. Meistens werden für die Zusammenarbeit langfristige Kontrakte abgeschlossen und die Verhandlungen werden offen geführt[299]. Die Zahlungsziele sind ebenso langfristig, was eine eigenkapitalbasierte Expansionsfinanzierung auch voraussetzt[300].

4.2.2.3 Logistik

Deutsche Lebensmittel-Discounter sichern ihre Preisführerschaft zusätzlich durch stringente Kostenorientierung im Bereich Logistik, wo durch einfache warenwirtschaftliche und logistische Prozesse erhebliche Einsparungspotentiale realisiert werden[301]. Für ihre Sortimentsartikel mit extrem hoher Umschlagshäufigkeit besitzen sie ein zentralisiertes und standardisiertes Logistiksystem mit einer automatischen Nachdisposition[302].

Die großen Discounter betreiben hier zu Lande über 60 Zentrallager, um die Entfernungen und die damit verbundenen Transportkosten zu den Filialen möglichst gering zu halten[303]. Netto verfügte bspw. im Jahr 2008 nur über 6 Logistikzentren, welche für die über 1.250

---

[291] Vgl. Accenture/GfK (2008), S. 7.
[292] Vgl. Roland Berger & Partner (1998a), zitiert bei Eggert (1998), S. 136.
[293] Vgl. ZAW (2009), S. 247.
[294] Vgl. Mende (2009), S. 27; Vgl. o.V. (2009b): Fehlstart für Aldi und Lidl, S. 1; Vgl. o.V. (2009c): Händler bewegen die Werbeszene, S. 40.
[295] Vgl. Nielsen Media Research (2009), S. 1; Vgl. o.V. (2009c): Händler bewegen die Werbeszene, S. 40; Vgl. Rudolph (2000), S. 25.
[296] Piontek (2003), S. 204.
[297] Vgl. Accenture/GfK (2008), S. 6; Vgl. Roland Berger & Partner (1998a) u. (1998b), zitiert bei Eggert (1998), S. 136f.
[298] Vgl. Jobber (2004), S. 825; Vgl. Olbrich (1998), S. 98f.; Vgl. Roland Berger & Partner (1998b), zitiert bei Eggert (1998), S. 137; Vgl. Rudolph (2000), S. 30.
[299] Vgl. Roland Berger & Partner (1998a) u. (1998b), zitiert bei Eggert (1998), S. 136f.
[300] Vgl. KPMG (2004), S. 78; Vgl. Rudolph et al. (2008), S. 72.
[301] Vgl. Brandes (2003), S. 202; Vgl. Eggert (1998), S. 134f.; Vgl. Rudolph (2000), S. 27.
[302] Vgl. Roland Berger & Partner (1998a), zitiert bei Eggert (1998), S. 136; Vgl. Rudolph (2000), S. 25; Vgl. Rudolph et al. (2008), S. 71f.
[303] Vgl. Gleißner/Femerling (2008), S. 275.

Filialen in BRD nicht ausreichend waren, so dass sie sich teilweise von der Marktkauf Logistik GmbH beliefern lassen mussten[304]. Lidl benötigt auch zusätzliche Logistik-Kapazitäten und investiert in drei neue Verteilzentren, womit der Handelsriese über insg. 30 Logistikstandorte in Deutschland verfügen wird[305].

4.2.2.4 Controlling

Das Controlling wird bei den Discountern auch schlank, d.h. ohne aufgeblähte Stabsabteilungen, gehalten und erreicht eine vorbildliche Effizienz[306]. Lidl bspw. „überwacht das Zahlenwerk quasi als abgekoppelter Ein-Mann-Betrieb"[307]. I.d.R. werden im Controlling ausschließlich langjährige, loyale Mitarbeiter eingesetzt, die über umfangreiche Branchenerfahrung verfügen und der Geschäftsführung vertraut sind[308]. Dabei wird für die Gewinnung und Aufbereitung der für das Management entscheidungsrelevanten Informationen auf modernste IT-Lösungen (z.B. Data Warehouse[309] und Data Mining[310]) zurückgegriffen[311].

Die Discounter haben ein stark ausgeprägtes Berichtswesen. Die Filialleiter eines Discountmarktes berichten an den zuständigen Bereichsleiter Filialorganisation bzw. Verkaufsleiter, der i.d.r. für 5-7 Filialen verantwortlich ist[312]. Dieser wiederum reportet i.d.R. einmal im Monat an den Leiter des Verkaufs in der zuständigen Regionalgesellschaft bzw. Niederlassung, der ca. 50 Filialen unter sich hat[313]. Das mittlere Management, das sich bspw. bei Aldi Süd aus der Leitung Verwaltung, Einkaufsleitung, Verkaufsleitung, Leitung Filialentwicklung und Leitung Logistik zusammensetzt, berichtet direkt dem Geschäftsführer der Regionalgesellschaft bzw. dem Niederlassungsleiter, dieser seinerseits direkt an die Konzernzentrale[314].

Die führenden Lebensmittel-Discounter verfügen über eine erhebliche Filialanzahl, so dass die Führungskräfte vor der Herausforderung stehen über alle Zahlenreports den Überblick zu behalten. Dafür werden z.B. bei dem Filialerfolgscontrolling im klassischen Berichtswesen Schwellenwerte bzw. Abweichungsintervalle definiert und mit einem Ampelsystem (rot, gelb, grün) in die Berichte eingebaut. Anhand dieser kennzahlenbezogenen Ampellogik wird ein schneller Plan-Ist-Vergleich ermöglicht, da jede Filiale einen definierten, spezifischen Planwert hat.[315] Diese Kennzahlenvorgaben betreffen i.d.R. den Umsatz, den Deckungsbeitrag und

---

[304] Vgl. o.V. (2008a): Netto nutzt Marktkauf Logistik, S. 49.
[305] Vgl. o.V. (2009l): Lidl erweitert Lagernetz, S. 35.
[306] Vgl. Schlitt/Klusmann (2003), S. 43.
[307] Schlitt/Klusmann (2003), S. 43.
[308] Vgl. Schlitt/Klusmann (2003), S. 43.
[309] Bei dem sog. Data Warehouse werden warenbezogene Daten in einer Datenbank gespeichert und für Entscheidungen in den verschiedenen Unternehmensbereichen aufbereitet. Vgl. Lerchenmüller (2003), S. 508; Vgl. Röniger (2005), S. 1.
[310] Data Mining stellt einen Prozess dar, der aus den großen Datenmengen komplexe Zusammenhänge herausarbeitet und Zukunftsprognosen ableitet. Vgl. Lerchenmüller (2003), S. 508f.; Vgl. Röniger (2005), S. 6.
[311] Vgl. Röniger (2005), S. 1.
[312] Vgl. Aldi-Süd (2009a), S. 1; Vgl. Ludowig (2009), S. 38.
[313] Vgl. Aldi-Süd (2009a), S. 1; Vgl. Amann/Grill (2009), S. 79 ; Vgl. Ludowig (2009), S. 38.
[314] Vgl. Aldi-Süd (2009a), S. 1; Vgl. Hintermeier (1998), S. 104.
[315] Vgl. Röniger (2005), S. 3.

die Personalkosten und sind unterschiedlich hoch, je nachdem, ob es sich um eine Filiale in der Großstadt oder im ländlichen Gebiet handelt.[316] „Außerdem werden sog. „Renner-Penner-Listen" geführt, die die besten und schlechtesten 10 Filialen ausweisen."[317] Neben der Filialgesamtbetrachtung werden Warengruppen bzw. Categories oder einzelne Artikel hinsichtlich ihres Erfolges analysiert, so dass Entscheidungen über die Sortimentssteuerung im Marketing getroffen werden können[318].

4.2.3 Einflussfaktoren der Beschäftigten

Der Aufbau einer ausländischen Tochtergesellschaft erfordert i.d.R. einen umfangreichen Transfer von Personalressourcen in das Expansionsland[319]. Deutsche Lebensmittel-Discounter entsenden grundsätzlich Führungskräfte aus dem eigenen Haus in das betreffende Gastland, um die Kultur des Unternehmens und wirtschaftliches Know-how zu übertragen, damit die Homogenität länderübergreifend bewahrt wird[320]. Diese Entscheidungsträger können von der Muttergesellschaft kommen, aber auch von einer Tochtergesellschaft aus einem anderen Land.

Bei einem Personaleinsatz in Bulgarien ist die Beschäftigung einheimischer Manager, die naturgemäß mit den lokalen Marktgegebenheiten besser vertraut sind, die bulgarische Sprache sprechen sowie kyrillisch lesen und schreiben können, unvermeidlich[321].

Im Rahmen des Expansionsprozesses sind viele für den Auslandmarkt typische Hürden zu bewältigen, die an erfahrene Rechtsexperten vor Ort delegiert werden sollten. Zudem sind rechtzeitig weitere erforderliche Mitarbeiter zu rekrutieren, wie z.B. Einkäufer, Verkäufer, Filialleiter etc., vertraglich zu binden und mit entsprechenden Schulungen für ihre Position vorzubereiten.

4.3 Bewertung der Einflussfaktoren in einer zusammenfassenden SWOT-Analyse

Nachdem die externen Einflussfaktoren (s. Abschn. 4.1), die beim Eintritt in den bulgarischen Absatzmarkt von Bedeutung sind, und die internen Einflussfaktoren (s. Abschn. 4.2), die von den deutschen Lebensmittel-Discountern ausgehen, untersucht wurden, werden diese im Folgenden in einer SWOT-Analyse zusammengefasst. Hierbei handelt es sich um ein sehr häufig eingesetztes Verfahren der strategischen Analyse. Ziel dieser zusammenfassenden Untersuchung für die deutschen Lebensmittel-Discounter ist es, die Stärken (**Strenghts**) und Schwächen (**Weaknesses**) des Unternehmens (als interne Einflussfaktoren) mit den Chancen

---

[316] Vgl. Röniger (2005), S. 3f.
[317] Röniger (2005), S. 3.
[318] Vgl. Lerchenmüller (2003), S. 508; Vgl. Röniger (2005), S. 4.
[319] Vgl. Meffert (2000), S. 1240.
[320] Vgl. Otte (2004), S. 54f.
[321] Vgl. Ebd.

(**O**pportunities) und Risiken (**T**hreats) des neuen Absatzmarktes (als externe Einflussfaktoren) in Verbindung zu bringen[322] (s. Abb. 9).

	STRENGTHS/STÄRKEN	WEAKNESSES/SCHWÄCHEN
Intern	• Konstant niedrige Preise durch Kostenführerschaft • Ausgezeichnetes Preis-Leistungs-Verhältnis • Langjährige und umfangreiche Internationalisierungserfahrung • Marktanteilsstärke und Reife der Betriebsform in BRD • Erfolgreiches Geschäftsmodell mit bewährten effizienten dezentralen Strukturen und flachen Hierarchien • Hohe Kundentreue durch geringe Komplexität u. Konstanz	• Geringe Kenntnisse über bulgarische Marktgegebenheiten • Fehlende Führungskräfte und Rechtsexperten mit bulgarischen Sprachkenntnissen • Imageprobleme als Arbeitgeber sorgt für Schwierigkeiten bei der Personalbeschaffung in der BRD • Keine Bedienung und Dienstleistungen sowie qualifizierte Beratung
Extern	• Marktlücke für Betriebsformat Discounter • Geringe Marktkonzentration im LEH • Konsumausgabenanteil für Lebensmittel ist sehr hoch • Preisbewusste Konsumenten • Vorteilhaftes Steuerrecht und niedrige Steuersätze • Vergleichsweise niedrige Arbeits- u. Produktionskosten • Vergleichsweise niedrige Arbeitslosigkeit • Steigende Einkommen und damit verbundene Kaufkraft • EU-Beitritt 2007 und laufender Harmonisierungsprozess • Gesellschaftsrecht entspricht internationalen Standards • Stabiler Wechselkurs durch Euro-Kopplung sowie geplante Euro-Einführung • Freizügigkeit von Arbeitnehmern und Dienstleistungsfreiheit ist in vollem Umfang gewährleistet • Überdurchschnittliches Wirtschaftswachstum und niedrige Staatsverschuldung • EU-Normen zur Nahrungsmittelsicherheit umgesetzt	• Kaufkraftstärkste und bevölkerungsdichteste Städte des Landes bereits von Handelsriesen besetzt • Geringe Verfügbarkeit moderner Einzelhandelsflächen • Infrastruktur erneuerungsbedürftig u. teilweise aufzubauen • Niedrige Arbeitsproduktivität • Mehrere deutsche Lebensmittel-Discounter planen parallel bereits seit 4-5 Jahren den bulgarischen Markteintritt • Sinkende Einwohnerzahl und geringe Bevölkerungsdichte • Hohes Leistungsbilanzdefizit und hohe Auslandsverschuldung • Überdurchschnittliche Inflationsraten • Häufige Regierungswechsel • Nicht ausreichend funktionierendes Rechtssystem • Hohe Korruption und organisierte Kriminalität • Schwach ausgeprägtes unternehmerisches Denken u. Handeln • Sehr niedrige F & E-Intensität • Anpassung des Sortiments an nationale Besonderheiten • Neue Bedingungen für einheimische Lieferanten
	OPPORTUNITIES/CHANCEN	THREATS/RISIKEN

Abb. 9: Zusammenfassende SWOT-Analyse für deutsche Lebensmittel-Discounter im Rahmen des Markteintrittes in Bulgarien

Eine solche Analyse ist bei einer Auslandsexpansion besonders hilfreich, da im nächsten Schritt daraus strategische Optionen vorgedacht und ausformuliert werden, von denen sich anschließend konkrete Handlungsvorschläge (s. Kap. 5) ableiten lassen[323]. Hierzu werden zunächst die sog. SWOT-Normstategien angewendet, die weniger als Strategieanweisungen zu verstehen sind, „sondern vielmehr als individuelle Stoßrichtungen, die sich aus der Komplexität externer Umweltbedingungen sowie internen Leistungsvermögens ergeben"[324].

Aus den jeweils in zwei Kategorien unterteilten Dimensionen resultieren vier Kombinationen, für die jeweils spezielle strategische Stoßrichtungen abgeleitet werden können (s. Anl. 48). Bei den SO-Strategien werden die Chancen unter Einsatz der Stärken aktiv wahrgenommen, d.h. Expansion bzw. Investition, weil die festgestellten Trends mit den vorhandenen Ressourcen genutzt werden können. Die ST-Strategien zielen auf die Nutzung von Stärken ab, um die Umweltbedingungen zu beeinflussen. Bei den WO-Strategien geht es darum, eigene Unter-

---

[322] Vgl. Horváth & Partners (2007), S. 401; Vgl. Kutschker/Schmid (2008), S. 842; Vgl. Meffert et al. (2008), S. 236f.
[323] Vgl. Horváth & Partners (2007), S. 402; Vgl. Kehrt/Pütmann (2005), S. 225ff.; Vgl. Ramme (2004), S. 257.
[324] Kehrt/Pütmann (2005), S. 225.

nehmensschwächen zu überwinden, um die Chancen zu nutzen. Im Gegensatz dazu werden bei den WT-Strategien die Schwächen minimiert, um damit Risiken zu vermeiden.[325]

Durch die Anwendung dieses bewährten o.g. Rasters werden die strategischen Stoßrichtungen der deutschen Lebensmittel-Discounter beim Markteintritt in den bulgarischen Absatzmarkt aus der SWOT-Analyse abgeleitet (s. Abb. 10). Dabei wurden die zentralen Chancen und Risiken sowie die wichtigsten Stärken und Schwächen, die für die deutschen Anbieter von besonderer Bedeutung sind, priorisiert und miteinander kombiniert, um daraus zielführende Normstrategien abzuleiten und auszuformulieren. Die dargestellten Ergebnisse sind noch keine konkreten Handlungsempfehlungen[326]. Es besteht aber die Möglichkeit, daraus ein durchdekliniertes Aktionsprogramm abzuleiten[327], das die besonderen Rahmenbedingungen und die o.g. Einflussfaktoren beim Markteintritt auf dem bulgarischen Absatzmarkt optimal berücksichtigt.

	Chancen 1. Marktlücke für Betriebsformat Discounter 2. Geringe Marktkonzentration im LEH 3. Preisbewusste Konsumenten	**Risiken** 1. Kaufkraftstärkste und bevölkerungsdichteste Städte des Landes bereits von Handelsriesen besetzt 2. Geringe Verfügbarkeit moderner Einzelhandelsflächen 3. Anpassung des Sortiments an nationale Besonderheiten
Stärken 1. Konstant niedrige Preise durch Kostenführerschaft 2. Ausgezeichnetes Preis-Leistungs-Verhältnis 3. Langjährige und umfangreiche Internationalisierungerfahrung	**SO-Strategien** • Nutzung der langjährigen und umfangreichen Internationalisierungserfahrung zur Schließung der Betriebsform-Marktlücke • Gewinnung preisbewusster Kundengruppen durch vorhandene Kostenführerschaft, sehr gutes Preis-Leistungs-Verhältnis und konstant niedrige Preise • Aktive Partizipation an der niedrigen Marktkonzentration durch die schnelle u. aggressive Gewinnung von eigenen Marktanteilen	**ST-Strategien** • Anwendung einer aggressiven Verdrängungsstrategie durch Kostenführerschaft in den Großstädten • Umsetzung der bekannten Erfahrungen im Facility-Management zur Sicherung optimaler Standorte und Erstellung von Discount-Handelsflächen • Nutzung der langjährigen Expansionserfahrungen zur Anpassung des Produktsortiments an die nationalen Besonderheiten
Schwächen 1. Geringe Kenntnisse über bulgarische Marktgegebenheiten 2. Fehlende Führungskräfte und Rechtsexperten mit bulgarischen Sprachkenntnissen	**WO-Strategien** • Durchführung intensiver u. umfassender Marktforschung u. Erstellung von Marktanalysen bzgl. der spezifischen Gegebenheiten des bulgarischen Lebensmittel-Absatzmarktes, um die Marktlücke des Betriebsformates Discounter schnell zu schließen • Frühzeitige Rekrutierung von Führungskräften u. Rechtsexperten mit Kenntnissen über bulgarische Marktgegebenheiten und Sprache, um eine erfolgreiche Expansion vor Ort sicher zu stellen	**WT-Strategien** • Durchführung von intensiven Standortanalysen von Experten vor Ort zur Besetzung vom organisierten Handel unerschlossener Standorte • Durch Rekrutierung qualifizierter Mitarbeiter vor Ort und die Nutzung deren länderspezifischen Kenntnisse wird das Sortimentsanpassungsrisiko reduziert

Abb. 10: Ableitung strategischer Stoßrichtungen für die deutschen Lebensmittel-Discounter beim Markteintritt auf dem bulgarischen Absatzmarkt

---

[325] Vgl. Horváth & Partners (2007), S. 402; Vgl. Kehrt/Pütmann (2005), S. 225.
[326] Vgl. Kehrt/Pütmann (2005), S. 228.
[327] Vgl. Ebd.

Im nächsten Schritt geht es nun, darum die einzelnen Marketinginstrumente sowie den Marketing-Mix unter Berücksichtigung der bisher gewonnen Erkenntnisse zusammenzustellen, um die Wachstumsziele des expandierenden Discounters zu erreichen.

5 Handlungsvorschläge zur Ausgestaltung des Marketings im Rahmen einer Markteintrittskonzeption für deutsche Lebensmittel-Discounter auf dem bulgarischen Absatzmarkt

Im folgenden Kapitel wird für die spezielle Situation des Markteintrittes der deutschen Lebensmittel-Discounter in den bulgarischen Absatzmarkt untersucht, inwieweit eine Standardisierung der Marketinginstrumente (s. Abschn. 5.1) und -prozesse (s. Abschn. 5.3 u. 5.4), im Sinne von Vereinheitlichung, möglich ist oder inwiefern eine Diversifikation, im Sinne von Anpassung, erforderlich ist. Auf der Suche nach Antworten zu dieser Fragestellung wird davon ausgegangen, dass im Rahmen der internationalen Expansion eine weitgehende Standardisierung aller Elemente des Marketing-Mix kaum denkbar ist, wogegen die zugrunde liegenden Prozesse sehr wohl länderübergreifend standardisiert werden können[328]. Insbesondere die herausgearbeiteten länderspezifischen Einflussfaktoren (s. Abschn. 4.1) führen zu Anpassungen in der Ausgestaltung einzelner Marketinginstrumente.

5.1 Einzelbetrachtung der absatzpolitischen Marketinginstrumente

Zur Systematisierung der einzelnen Marketinginstrumente im Handel finden sich in der wissenschaftlichen Literatur zahlreiche Vorschläge mit unterschiedlichen Kategorien und Begrifflichkeiten[329]. In den folgenden Ausführungen werden diese absatzpolitischen Werkzeuge nach den Oberbegriffen von *Lerchenmüller* einzeln behandelt[330].

5.1.1 Leistungssubstanzpolitik

5.1.1.1 Leistungsinhalt

5.1.1.1.1 Sortimentspolitik

Um ein marktadäquates Sortimentsprogramm für den bulgarischen Markt zusammenzustellen und damit die anvisierten Marketingziele (s. Abschn. 2.2) zu erreichen, ist es generell erforderlich, dass der absatzbezogene Bedarf des heimischen Konsumenten berücksichtigt wird[331]. Innerhalb der Marketinginstrumente wird der Produktpolitik grundsätzlich die größte Vereinheitlichungsmöglichkeit zugesprochen. Vor allem dort, wo die kulturellen Unterschiede nur

---

[328] Vgl. Meffert/Bolz (1998), S. 158.
[329] *Meffert* wertet in einer Analyse zur Systematisierung der Marketinginstrumente im Handel fünf Primärquellen aus den Jahren 1990 bis 1996 aus, die jeweils unterschiedliche Begrifflichkeiten und Zuordnungen verwenden. Zwischen diesen vorliegenden Systematisierungsansätzen treten zahlreiche Überschneidungen auf. Vgl. Meffert (2000), S. 1196.
[330] Vgl. Lerchenmüller (2003), S. 63ff.
[331] Vgl. Lerchenmüller (2003), S. 65.

eine geringe Relevanz haben und die Kunden keine individuelle Gestaltung erwarten, kann problemlos standardisiert werden.[332]

Für die bulgarischen Filialen kann die Sortimentsbreite und -tiefe[333] noch schmaler und flacher gestaltet werden, um so die Artikel des Standardsortiments auf ca. 500 bis 800 Stück zu reduzieren. So kann z.B. nahezu vollständig auf Fertiggerichte und Tiefkühlartikel verzichtet werden, da die Bulgaren derartiges Fastfood weniger nachfragen, sondern eher traditionell und aufwändig kochen (s. Anl. 49). Auch kann bspw. die Fruchtjoghurtauswahl reduziert werden. Eine Konzentration auf die Basis der Grundversorgung ist empfehlenswert, wie z.B. frisches Brot sowie weitere Backwaren, Obst und Gemüse, Milch und Milchprodukte, alkoholische und nichtalkoholische Getränke, Süßwaren, Konserven etc. Der Near-Food-Bereich soll überwiegend mit einfachen Körperpflegeartikeln, Wasch-, Putz-, Spülmitteln etc. des täglichen Bedarfs abgedeckt werden. Hochwertige Kosmetikartikel sind im Discountsortiment eher zu vernachlässigen. Der Non-Food-Bereich als ergänzendes Zusatzsortiment soll sehr schlank gehalten und vorwiegend mit Aktionsartikeln bestückt sein. Der Eigenmarkenanteil kann einen hohen Anteil am Produktsortiment ausmachen, da der bulgarische Konsument markenbewusst ist. Wichtig ist jedoch, dass die Eigenmarken, deren positive Produkteigenschaften und das gute Preis-Leistungs-Verhältnis durch entsprechende Werbemaßnahmen im Absatzmarkt bekannt gemacht werden.

Einige bulgarische Lebensmittelspezialitäten, wie bspw. Baniza (Backware), Ljutenica (Brotaufstrich), Lukanka (luftgetrocknete Salami), Sazdarma (Preßsack), Kaschkawal (Hartkäse), Tschubritza (Bohnenkraut), Bosa (Getreidegetränk), Rakia (Grappa), etc. (s. Anl. 50 u. Anl. 51) sind im Produktsortiment zu ergänzen, da diese zum täglichen bulgarischen Grundbedarf zählen.

Ein weiterer Punkt, der vor dem Markteintritt zu klären und zu bearbeiten ist, betrifft die Produktgestaltung, welche Design, Verpackung und Markierung beinhaltet[334]. Die festgestellten anderen Einkaufsgewohnheiten der Bulgaren, die sich insbesondere in der geringen Anzahl der gekauften Produkte je einzelnen Einkauf bei einer insgesamt aber häufigeren Anzahl an Einkäufen widerspiegeln, erfordern andere technische Dimensionen der Produkte, z.B. andere Verpackungsgrößen, -gewichte und -varianten. So werden bspw. Schinken, Salami und Käse lieber am Stück und nicht als Aufschnitt gekauft.

Für jedes importierte und in Bulgarien angebotene Produkt ist eine zusätzliche Etikettierung in bulgarischer Sprache erforderlich, welche zu dem bereits vorhandenen Etikett auf der Ware hinzu geklebt wird. Der Aufkleber muss unbedingt Informationen über den Hersteller, den

---

[332] Vgl. Bruhn (2002), S. 429; Vgl. Meffert/Bolz (1998), S. 158.
[333] Unter Sortimentsbreite versteht man die Zahl der angebotenen Produktarten, die sich auf eine Branche beschränken können oder branchenübergreifend sein können. Die Sortimentstiefe legt die Zahl der Artikel innerhalb der Produktarten fest. Vgl. Becker (2006), S. 508, Vgl. Lerchenmüller (2003), S. 68, Vgl. Ramme (2004), S. 149.
[334] Vgl. Becker (2006), S. 490.

Importeur, die Art der Ware, das Haltbarkeitsdatum und Hinweise zur Aufbewahrung sowie, wenn nötig, zusätzliche Gebrauchsauskünfte beinhalten.[335]

5.1.1.1.2 Dienstleistungspolitik

Die Dienstleistungspolitik umfasst alle Entscheidungsfelder, die sich mit der Gestaltung des immateriellen Leistungsangebots eines Handelsunternehmens auseinandersetzen[336]. Diese Dienste können warenbezogen (Manipulation, Kreditierung, Beratung etc.) oder nicht warenbezogen (Parkplatz, Kinderbetreuung, Reklamationsstelle etc.) sein und werden vom Unternehmen selbst bestimmt[337].

Discounter verfolgen die Strategie der Kostenführerschaft, welche sich auch stark durch den Verzicht auf Angebote von Dienstleistungen auszeichnet, da die Kosten dieser in vollem Umfang in der Preispolitik zu berücksichtigen wären.

Diese Discountphilosophie soll grundsätzlich beibehalten werden, wobei für die Phase des bulgarischen Markteintrittes eine einfache Beratung als Orientierungshilfe für die Konsumenten empfehlenswert ist, da diese Betriebsform sowie einige Produkte eine Neuheit für die Kunden darstellen. Nach Erreichung eines Bekanntheitsgrades von z.B. 30% als qualitatives Marketingziel, welches auch durch eine Werbekampagne (s. Abschn. 5.1.4) unterstützt wird, ist diese dann nicht mehr notwendig.

Das Angebot an Parkplätzen, die dem Kunden den Einkauf erleichtern oder ermöglichen[338], wird auch für die Filialen in Bulgarien unabdingbar sein. Die Anzahl kann vor allem in den kleineren Städten mit z.B. 20.000 Einwohnern niedriger gehalten werden, wohingegen diese in den großen Städten entsprechend höher zu dimensionieren ist.

5.1.1.2 Leistungsausmaß

Bei dem Leistungsausmaß geht es um die Grundentscheidungen bezüglich des Ausmaßes der Unternehmensgröße (eine oder mehrere Filialen) einerseits, sowie um die objektbezogene Betriebsgröße andererseits, im Sinne des Umfangs des Leistungsfaktoreneinsatzes (Personal, Raum, Kapital, Sachmittel) je Filiale[339].

Bei der Formulierung der einzelnen quantitativen Marketingziele (s. Abschn. 2.2.2) wurde vorgeschlagen, dass die Anzahl der Filialen innerhalb der ersten vier Wochen im Zuge der Markterschließung mindestens 10 Stück erreicht, was ein funktionierendes Logistikzentrum voraussetzt.

---

[335] Vgl. Verbraucherschutzgesetz (2005), S. 2.
[336] Vgl. Lerchenmüller (2003), S. 69.
[337] Vgl. Lerchenmüller (2003), S. 69f. u. 81.
[338] Vgl. Lerchenmüller (2003), S. 71 u. 81.
[339] Vgl. Lerchenmüller (2003), S. 72.

Der Eintritt auf dem neuen Markt durch die Eröffnung von 10 Filialen ist personalintensiver als die Öffnung von zusätzlichen Objekten in bereits etablierten Märkten. So wird z.b. für die oben vorgeschlagene einfache Beratung je nach Größe des Objektes mehr Personal benötigt, welches vorab durch entsprechende Personalentwicklungsmaßnahmen zu qualifizieren ist.

Die Verkaufsfläche kann in Abhängigkeit der Einwohnerzahl im Einzugsgebiet des gewählten Standortes und auf Grund des vorgeschlagenen geringeren Sortimentsumfangs reduziert werden, allerdings unwesentlich z.b. auf 600 bis 800qm, damit eine deutschlandähnliche Marktbearbeitungsstrategie zu einem späteren Zeitpunkt nach dem Markteintritt umgesetzt werden kann.

Vor allem bei einem Markteintritt lässt sich die optimale Betriebsgröße von Beginn an sehr schwer ermitteln, da zum einen die genaue Quantifizierung und damit die Operationalisierung eine besondere Herausforderung darstellt und diese zum anderen von der Ausgestaltung der restlichen Marketinginstrumente sowie dem Kunden- und Konkurrenzverhalten abhängig ist[340]. Die best mögliche Betriebsgröße zu finden ist aber umso wichtiger, da bei zu kleiner Größe Probleme bei den Arbeitsabläufen auftreten können und sich bei zu großem Betrieb Unterauslastungen und Fixkostenbelastungen negativ bemerkbar machen[341].

5.1.1.3 Zeitbezug der Leistung

Marketingpolitische Entscheidungen werden erst dann konkret, wenn die durchzuführenden Handlungen bzgl. Anfangs- und Endzeitpunkten, Rhythmen und Abständen fixiert und operationalisiert werden[342]. Über diese reine Terminierung hinaus sind die Marketingsachverhalte, bei welchen die Zeit die Rolle eines selbstständigen Leistungsfaktors spielt (z.B. Verkürzung von Lieferzeit, Verlängerung von garantierten Nachkauffristen), wichtiger, allerdings mehr für SMCG als für FMCG[343].

Für den Lebensmitteleinzelhandel und damit auch für die Discounter ist die Zeit als Leistungsbestandteil in der Marketingpolitik im Bereich des Kundeneinkaufs von besonderer Bedeutung. Konsumenten sind bspw. sensibel bezüglich der Ladenöffnungs- (Mittagspause, Schlusszeiten) und Wartezeiten beim Bezahlvorgang.[344]

Die üblichen Öffnungszeiten der Hyper- und Supermärkte in Bulgarien sind sehr umfangreich. I.d.R. wird jeden Tag (von Montag bis Sonntag) zwischen 7/8 und 21/22 Uhr durchgehend geöffnet. Meistens erlauben sich die Kleingeschäfte in den Kleinstädten und in den Stadtrandteilen der größeren Städte, welche oft von einer Familie betrieben werden, eine Mittagspause zwischen 12/13 und 15/16 Uhr, die von der Stammkundschaft noch toleriert wird. Die täglichen Öffnungszeiten der expandierenden deutschen Lebensmittel-Discounter

---

[340] Vgl. Lerchenmüller (2003), S. 72f.
[341] Vgl. Lerchenmüller (2003), S. 73.
[342] Vgl. Lerchenmüller (2003), S. 74.
[343] Vgl. Lerchenmüller (2003), S. 74f.
[344] Vgl. Lerchenmüller (2003), S. 83.

sollen daher grundsätzlich durchgängig zw. 8 und 21 Uhr sein, wobei nach entsprechender Auswertung der Umsatzinformationen nach 2-4 Betriebsmonaten eine Anpassung an das Kundenverhalten geprüft werden kann, damit die Produktivität der einzelnen Filialen auf vergleichsweise ähnliche Niveaus nachjustiert wird.

Die hohe Bedeutung der Freizeit in der bulgarischen Bevölkerung (s. Abschn. 4.1.1.4) ist auch beim Einkaufen von Lebensmitteln zu spüren. So nehmen sich die überwiegend in kleinen Städten lebenden Bulgaren gerne oft täglich reichlich Zeit dafür und unterhalten sich mit dem Verkaufspersonal, Nachbarn oder Freunden unterwegs oder im Ladenlokal, ohne Hektik auszustrahlen[345]. In den größeren Städten wie Sofia, Plovdiv, Varna und Burgas, wo viel mehr jüngere und erwerbstätige Menschen leben, nähert sich das Bild den Deutschen an. Ungeduldig stehen die Menschen in der Warteschlange, aber längst noch nicht in dem bekannten deutschen Ausmaß[346]. Diese Diskrepanzen zw. dem bulgarischen städtischen und ländlichen Kundenverhalten sind von Mitarbeitern vor Ort zu berücksichtigen.

5.1.2 Transferleistungspolitik

5.1.2.1 Standortpolitik

Die Standortpolitik beschäftigt sich mit allen Entscheidungen und daraus abgeleiteten Handlungen bzgl. der Auswahl sowie Erschließung der Orte für die Leistungserstellung und spielt für den Erfolg bzw. Misserfolg von international tätigen Filialunternehmen eine bedeutende Rolle[347]. Für die Bestimmung des Standortes werden in der Literatur verschiedene Orientierungsmerkmale angeboten[348]. Darüber hinaus gibt es qualitative (z.B. Attraktivität der Lage, Sichtbarkeit des Grundstückes etc.) und quantitative Verfahren (z.B. Anzahl u. Kaufkraft der Kunden im Einzugsgebiet, Konkurrenzsituation etc.), die für die tatsächliche Standortfindung besser geeignet sind und für die folgenden Handlungsvorschläge Anwendung finden[349].

Wenn Bulgarien bereits von den Discountern als strategisches Markterschließungsziel bei der Länderauswahl festgelegt ist, müssen als nächstes die konkreten Standorte für die zu eröffnenden Filialen ausgewählt werden. Es wurde festgestellt (s. Abschn. 4.1.2.1 u. 4.1.2.2), dass die kaufkraftstärksten und bevölkerungsdichtesten Städte bereits von Handelsriesen erobert wurden, die aber keine Discounter sind. Auf Grund der dort bereits bestehenden höheren Wettbewerbsintensität in der Lebensmittelbranche bietet sich für den Markteintritt hier eine

---

[345] Eigene Beobachtungen u. Erfahrungen aus dem Lebensmittel-Kleingeschäft der Eltern „Elit 2000" in Pirdop (ca. 75 km östlich von Sofia) sowie insgesamt im Land.
[346] Vgl. Schlautmann (2009), S. 12.
[347] Vgl. Lerchenmüller (2003), S. 85; Vgl. Ramme (2004), S. 177f.
[348] Raum-, Kunden-, Konkurrenz- und Verkehrsorientierung sind die wesentlichen Einflussfaktoren für die Standortfindung. Vgl. Ahlert/Kenning (2007), S. 177; Vgl. Baum (2002), S. 143f.; Vgl. Lerchenmüller (2003), S. 86 u. 98f.
[349] Vgl. Lerchenmüller (2003), S. 87 u. 99ff.

aggressive Verdrängungsstrategie an. Dies wird insbesondere in den bulgarischen Großstädten wie Sofia, Plovdiv, Varna und Burgas der Fall sein.

Darüber hinaus ist den deutschen Lebensmittel-Discountern zu empfehlen, die Marktgebiete zu erschließen und damit zu besetzen, die vom organisierten Lebensmittelhandel noch nicht erschlossen sind und damit bis dato einen sehr niedrigen Konzentrationsgrad aufweisen. Aus aktuellen Marktforschungsergebnissen ist hier festzustellen, dass die bulgarischen Konsumenten in den Städten und Dörfern ihre Lebensmittelversorgung noch überwiegend durch Einkäufe bei den traditionellen Kleingeschäften abdecken (s. Anl. 52). Ferner ist davon auszugehen, dass die eigene Lebensmittelproduktion der Haushalte in den Kleinstädten und Dörfern (z.B. durch Bewirtschaftung eigener Gärten und durch Kleintierhaltung) beim Angebot preiswerter Lebensmittel reduziert wird. Der Vorteil dieser Standorte liegt speziell für die Discounter, welche generell die preissensiblen Kundentypen ansprechen[350], darin, dass die dortige Bevölkerung überwiegend den beiden Konsumentengruppen (s. Abschn. 4.1.2.1) zuzuordnen ist, welche sich bei ihren Kaufentscheidungen vor allem vom Preis leiten lassen[351]. Hinzu kommt, dass gerade hier auf Grund der niedrigeren Grundstückspreise die Investitionskosten und die damit verbundenen Mieten deutlich niedriger sind als in den Großstädten[352]. Als Standorte sind hier die Städte mit mehr als 20.000 Einwohner zu priorisieren (s. Anl. 53).

Für eine ausführliche, flächendeckende Standortfindung und -erschließung sind weitere tiefergehende Analysen zu betreiben, welche bspw. den Zustand und die Entwicklung der Infrastruktur (bzgl. der schnellen Erreichbarkeit) und die Ermittlung der optimalen Standortlage innerhalb der Stadt (z.B. Zentrumsnähe, Stadtrand etc.) betreffen[353].

Der Discount-Pionier, der sowohl den Absatzmarkt im Land Bulgarien als erster betritt als auch einzelne Standorte als erster besetzt, sichert sich bei der Markteroberung für sein Unternehmen die größten Vorteile (s. Abschn. 3.2.1.1).

5.1.2.2 Absatzsystem

5.1.2.2.1 Absatzmethode

Bei der Absatzmethode werden Entscheidungen über die Art des Kontaktprinzips (Distanz- oder Treffprinzip), über die Bestimmung, ob stationärer oder mobiler Handel betrieben wird, sowie über die Verkaufsmethode getroffen[354] (s. Anl. 54). Im Fall, dass die Kundschaft die Räumlichkeiten des Händlers für die Anbahnung und Abwicklung des Geschäftes aufsucht, liegt das Treffprinzip bzw. der sog. Punkthandel zugrunde[355]. Die Lebensmittel-Discounter

---

[350] Vgl. Rudolph et al. (2008), S. 101; Vgl. Schlautmann (2008), S. 12.
[351] Vgl. Transformity Brand & Marketing Consulting (2009a), S. 9.
[352] Vgl. Germany Trade and Invest (2009c), S. 1.
[353] Vgl. Lerchenmüller (2003), S. 88 u. 99ff.
[354] Vgl. Lerchenmüller (2003), S. 90 u. 102.
[355] Vgl. Barth et al. (2007), S. 97; Vgl. Lerchenmüller (2003), S. 102.

zählen zu den Betriebsformen, bei denen diese Art von Absatzmethode vorliegt. Weiterhin typisch für die Discountanbieter ist die Vielzahl der betriebenen Filialen, so dass diese dem stationären Einzelhandel als der generell wichtigsten Handelskategorie zuzuordnen sind[356]. Der Discounter ist der Punkthandel ohne Bedienung schlechthin. In den Verkaufsstätten werden den Kunden alle Teile des Sortiments in Selbstbedienung angeboten. Bedienungs- und Beratungsmöglichkeiten gibt es nicht. Durch Personal werden die Kassiervorgänge und das Auffüllen der Ware sowie die Verkaufsraumgestaltung vorgenommen.

Grundsätzlich ist hier keine Anpassung für den bulgarischen Absatzmarkt erforderlich. Im Rahmen des Markteintrittes kann es jedoch in der Eröffnungsphase der einzelnen Filialstandorte zielführend sein, dass zeitlich befristet zusätzliches Personal eingesetzt wird. Dadurch kann das dauerhaft geplante Stammpersonal sich schneller in das Discountkonzept der Filiale einarbeiten und die neuen Prozesse kennen lernen. Außerdem brauchen die Konsumenten anfänglich Unterstützung bei der Orientierung in den neuen Räumlichkeiten sowie bei den neu angebotenen Produkten. Denkbar sind hier bspw. Verkostungen und die Ausgabe von kostenfreien Produktproben im Sinne von personalgestützter Promotion, die mit eindeutigen Hinweisen, an welcher Stelle im Verkaufsraum und in welchem Regal sich die Ware konkret befindet, durchgeführt werden. Diese Maßnahmen sind im Rahmen der landesspezifischen Verkaufsförderungspolitik von den Lebensmittel-Discountern präziser zu bestimmen.

5.1.2.2.2 Verkaufsstättengestaltung

Grundsätzlich spielt die Gestaltung der Verkaufsstätten für den stationären Einzelhandel eine große Rolle und lässt sich in äußere und innere unterteilen[357]. Die äußere Aufmachung beinhaltet die Umgebung der Einkaufsstätte, den Baukörper und die Fassade sowie die Eingangsanlage[358]. Der innere Aufbau umfasst z.B. die Aufteilung der Fläche (Waren- und Kundenfläche, Beratungszone), der Einsatz von Licht und Farbe und die Warenträgerauslegung[359].

Die strategische Stoßrichtung der Preisführerschaft verlieren die deutschen Discounter auch bei diesem Teilinstrument der Marketingpolitik nicht aus den Augen. So gehört zu dem Discountkonzept eine einfache, effiziente und standardisierte Verkaufsstättengestaltung[360]. Alle Details des Store-Designs werden schlicht gehalten, um überwiegend funktionale Ziele zu erfüllen und dienen nicht ästhetischen Zwecken[361]. Parkplatzmöglichkeiten werden selbstverständlich angeboten, der Baukörper, vor allem im Fall von selbst erstellten Gebäuden, ist rechteckig und praktisch, die Warenträger sind einfache Regale, Tische, Gefriertruhen oder sogar oft auch Lieferpaletten und Kartons. Damit wird dem Kostenführerschaftsimage der Discounter Rechnung getragen.

---

[356] Vgl. Lerchenmüller (2003), S. 102f.; Vgl. Liebmann/Zentes (2001), S. 371 u. 382f.
[357] Vgl. Ahlert/Kenning (2007), S. 269; Vgl. Lerchenmüller (2003), S. 90.
[358] Vgl. Lerchenmüller (2003), S. 105.
[359] Vgl. Ahlert/Kenning (2007), S. 269ff.; Vgl. Lerchenmüller (2003), S. 105f.
[360] Vgl. Rudolph et al. (2008), S. 101.
[361] Vgl. Lerchenmüller (2003), S. 105.

Die Verkaufsstättengestaltung wird von Discountern länderübergreifend standardisiert[362]. Für die Markterschließung Bulgariens wird empfohlen die bereits entwickelte Standardisierung zu übernehmen. Hierbei wird die Annahme zu Grunde gelegt, dass sich z.b. die Kundenlaufwege, welche Berücksichtigung u.a. bei der Anordnung der Regale in den einzelnen Filialen finden, zwischen der bulgarischen und deutschen Kundschaft nur unwesentlich unterscheiden[363].

Im Rahmen des Markteintrittes in den bulgarischen Absatzmarkt ist den deutschen Lebensmittel-Discountern zu empfehlen, neue Verkaufsstätten aufzubauen, da zum einen derzeit die Mietpreise für schon bestehende Flächen sehr hoch sind und zum anderen die Bauarten der bestehenden Einzelhandelsflächen, meist Einkaufszentren[364] oder ältere Gebäude, nicht den erforderlichen o.g. einfachen Kriterien der Discounter entsprechen.

5.1.2.2.3 Warenplatzierung und Warenpräsentation

Die Warenplatzierung ist die innerbetriebliche Standortentscheidung, welche sich mit der Frage der quantitativen Raumaufteilung der Verkaufsflächen inkl. der Verteilung der Regalflächen auseinandersetzt[365]. Dieses Teilinstrument legt fest, „an welcher Stelle innerhalb der gesamten Verkaufsfläche welche Waren in welchem Umfang platziert werden sollen."[366] Kriterien wie Kundenfrequenz, durchschnittliche Verweildauer, durchschnittliche Ausgaben je Einkauf und Gesamtumsatz können Hinweise darauf geben, ob die Platzierungspolitik gut gewählt ist[367]. Die Discounter weisen bei einem Betriebsformvergleich für 2007 die zweitgrößten durchschnittlichen Ausgaben je Einkauf in Euro von 17,99 Euro nach den großen Verbrauchermärkten (28,61 Euro) sowie den höchsten Nettoumsatz in Höhe von 50 Mrd. Euro auf und sind mit 70 Einkäufen pro Haushalt im Jahr mit Abstand die häufigste Einkaufsdestination der Deutschen[368]. Die soeben festgestellte gute Warenplatzierungspolitik der Discounter in der BRD, die fehlenden empirischen Untersuchungen zum Konsumentenverhalten, wie bspw. über die Kundenlaufwege, in Bulgarien und die vermutete Praxis der bereits in dem Markt etablierten deutschen Lebensmittelunternehmen wie Billa und Kaufland, nämlich die Übertragung der Erfahrungen von den Muttergesellschaften[369], sprechen auch in diesem Bereich für Standardisierung.

Die Warenpräsentation, welche in engem Zusammenhang mit der Platzierung steht, stellt die Art und Weise der Darbietung der Artikel auf den Warenträgern dar und soll zu zusätzlichen Impulskäufen motivieren[370]. Besonders bei Selbst- und Teilselbstbedienungsformen des Einzelhandels, worunter auch der Discounter zählt, spielt die Attraktivität der Artikeldarstel-

---

[362] Vgl. KPMG (2004), S. 78.
[363] Vgl. Transformity Brand & Marketing Consulting (2009a), S. 4.
[364] Vgl. o.V. (2009o): Mieten für Geschäfte, S. 29.
[365] Vgl. Ahlert/Kenning (2007), S. 274; Vgl. Lerchenmüller (2003), S. 90.
[366] Lerchenmüller (2003), S. 107.
[367] Vgl. Lerchenmüller (2003), S. 107.
[368] Vgl. EHI Retail Institute GmbH (2008), S. 196f.
[369] Vgl. Transformity Brand & Marketing Consulting (2009a), S. 4.
[370] Vgl. Ahlert/Kenning (2007), S. 276; Vgl. Lerchenmüller (2003), S. 90 u. 112; Vgl. Tietz (1993), S. 464.

lung eine wesentliche Rolle für die Kaufentscheidung des Kunden[371]. Die Discounter praktizieren eine einfache Massenpräsentation[372], welche auf hohe Funktionalität und Zweckmäßigkeit abzielt. Gleichzeitig wird eine ständige Regaloptimierung selbst in kleinsten Details durchgeführt[373]. Auch hier ist ein Höchstmaß an Standardisierung zu empfehlen.

5.1.3 Entgeltpolitik

5.1.3.1 Preispolitik

Die Preispolitik hat die Aufgabe den Normalpreis, welcher von den potenziellen Abnehmern der Ware zu bezahlen ist, unter Berücksichtigung von unternehmensinternen und -externen Faktoren festzulegen[374]. Dieses Teilinstrument ist über die Bildung der Preishöhe hinaus für die Gestaltung der Preisoptik verantwortlich[375].

Im Rahmen der internationalen Preispolitik existieren kosten- und marktorientierte (nachfrager- und konkurrenzorientierte) Methoden für die Bestimmung der Höhe des Entgeltes[376]. Bei einer kostenorientierten Preisfindung können aufgrund Verflechtungen der Tochter- mit der Muttergesellschaft Schwierigkeiten bei der Erfassung und Bewertung auftreten, da die relevanten internen Kosten an verschiedenen Stellen (z.B. durch den Transport) anfallen können[377]. Im internationalen Marketing müssen auch spezifische und zusätzliche Kostenkomponenten (z.B. Inflationsrate, Vorleistungskosten für die Markterschließung, Kosten für das entsendete Personal) in der Preispolitik berücksichtigt werden[378]. Diese Art von Preisbildung ist nicht marktorientiert und soll deswegen nur eine Preisuntergrenze für die ausreichende Kostendeckung als Orientierung geben[379].

Bei der marktorientierten Preisbildung richtet sich die Preispolitik einerseits an landesspezifischen Marktdaten bzw. Nachfragebesonderheiten aus, anderseits an den gesetzten Preisen der relevanten lokalen Konkurrenten[380]. Es wurde festgestellt, dass die bulgarischen Kunden preisbewusste Konsumenten mit geringer Kaufkraft sind (s. Abschn. 4.1.2.1) und die Wettbewerberlandschaft aktuell keinen einzigen Discounter aufweist (s. Abschn. 4.1.2.2). Um die Tiefstpreise zu finden und somit der Dauerniedrigpreisstrategie Rechnung zu tragen, wird den deutschen Discountern für den Eintritt auf dem bulgarischen Markt empfohlen, sich an den

---

[371] Vgl. Lerchenmüller (2003), S. 112.
[372] Die Massenpräsentation gehört zu den wesentlichen Formen der Warendarbietung, welche artikelweise (z.B. Tiernahrung im Karton, Socken auf Wühltisch) und warengruppenbezogen (z.B. verschiedene auslaufende Spielzeuge in Schüttkörben) erfolgen kann. Vgl. Lerchenmüller (2003), S. 112.
[373] Vgl. Accenture/GfK (2008), S. 7.
[374] Vgl. Ahlert/Kenning (2007), S. 234; Vgl. Lerchenmüller (2003), S. 114; Vgl. Meffert (2000), S. 484; Vgl. Meffert et al. (2008), S. 485; Vgl. Ramme (2004), S. 152.
[375] Vgl. Lerchenmüller (2003), S. 114.
[376] Vgl. Meffert/Bolz (1998), S. 231; Vgl. Simon/Wiese (1995), S. 227f.
[377] Vgl. Meffert/Bolz (1998), S. 231.
[378] Vgl. Meffert/Bolz (1998), S. 232f.
[379] Vgl. Meffert/Bolz (1998), S. 233; Vgl. Simon/Wiese (1995), S. 227f.
[380] Vgl. Meffert/Bolz (1998), S. 233; Vgl. Simon/Wiese (1995), S. 228.

niedrigsten Preisen für die jeweiligen Produkte bei den Super- und Hypermärkten zu orientieren (s. Anl. 55), vorausgesetzt, diese decken insgesamt auch die kompletten Kosten und den erwarteten Gewinnanspruch. D.h. die Findung der Niedrigpreise für den Markteintritt soll eine Kombination der kosten- und marktorientierten Methoden sein und von der Tochtergesellschaft in Bulgarien ermittelt werden. Ziel soll weiterhin die aggressive Preisführerschaft unter Weitergabe der neu gewonnenen günstigeren Einkaufspreise sein. Von einer Standardisierung der Preispolitik beim Markteintritt wird an dieser Stelle abgeraten, da die deutschen Lebensmittel-Discounter die vorhandenen Produktpreise aus Deutschland oder anderen Expansionsländern nicht unverändert auf den bulgarischen Absatzmarkt übertragen können.

Bei der Preisoptik, welche sich z.b. mit der optischen Gestaltung ganzer (z.B. 1,-€, 10,-€) oder gebrochener (z.B. 0,99€, 49,80€) Preise auseinandersetzt[381], sollen die Discounter ihre Erfahrungen aus Deutschland, unter Beachtung der auszuzeichnenden bulgarischen Währung Lew, nutzen.

5.1.3.2 Konditionenpolitik

Die Konditionenpolitik beinhaltet alle preisergänzenden oder -verändernden Maßnahmen, welche den Normalpreis direkt oder indirekt beeinflussen[382]. Die wichtigsten Arten von Konditionen sind die Rabatte und die Lieferungs- und Zahlungsbedingungen[383].

Bei Rabatten handelt es sich grundsätzlich um prozentuale oder absolute Nachlässe auf den Endverbraucherpreis[384]. Nach der Abschaffung des Rabattgesetzes in Deutschland im Jahr 2002 wurden im Einzelhandel verschiedene Rabattierungssysteme, wie z.B. Kundenkarten, eingeführt[385]. Die Discounter sind durch die Dauerniedrigpreise im Kernsortiment gekennzeichnet, und um diese nicht in Frage zu stellen, wird bewusst weitgehend auf temporäre Preisschnäppchen verzichtet[386]. Diese aggressive Preisstrategie ist auch für den Markteintritt in den bulgarischen Absatzmarkt weiterzuverfolgen.

Lieferungs- und Zahlungsbedingungen sind Bestimmungen zwischen Handelsunternehmen und ihren Abnehmern, welche Inhalt und Ausmaß der Leistung (z.B. die Form, den Zeitpunkt und die Höhe der Zahlung) regeln. Diese Regelungen sind vor allem im Großhandel, in Branchen wie Touristik und Banken sowie im Versandhandel von Bedeutung.[387] Im stationären Lebensmitteleinzelhandel verläuft der Kaufvorgang jedoch Zug um Zug: Ware wird übergeben und die Zahlung erfolgt sofort Bar oder durch EC- oder Kreditkarte. Somit sind diesbezüglich bei Eintritt auf dem bulgarischen Absatzmarkt keine neuen Bedingungen erforderlich.

---

[381] Vgl. Lerchenmüller (2003), S. 137f.
[382] Vgl. Lerchenmüller (2003), S. 123; Vgl. Meffert et al. (2008), S. 544.
[383] Vgl. Lerchenmüller (2003), S. 123; Vgl. Meffert et al. (2008), S. 544; Vgl. Zentes et al. (2006), S. 389.
[384] Vgl. Lerchenmüller (2003), S. 123; Vgl. Meffert et al. (2008), S. 544.
[385] Vgl. Lerchenmüller (2003), S. 135.
[386] Vgl. Sebastian/Maessen (2003), S. 57.
[387] Vgl. Lerchenmüller (2003), S. 123; Vgl. Meffert (2000), S. 591.

5.1.3.3 Sonderpreispolitik

Mit der Bildung von Preisen für besondere Anlässe, wie z.b. Geschäftseröffnung, Wiedereröffnung nach Umbau oder Firmenjubiläum beschäftigt sich die Sonderpreispolitik. Eine weitere Aufgabe der Sonderpolitik besteht in der Festlegung der Preise z.B. für die Gewinnung von neuen Kunden und die Bindung vom Stammkunden.[388]

Bei der Erschließung des bulgarischen Marktes könnten Sonderpreise zu den einzelnen Filialeneröffnungen in Erwägung gezogen werden. In dem Spezialfall Bulgarien als Expansionsland, wo noch kein einziger Discounter existiert (s. Abschn. 4.1.2.2), ist jedoch davon abzuraten. Dies liegt insbesondere darin begründet, dass der Kunde bei dem Einkauf eines modellhaften Warenkorbes des täglichen Bedarfs, der sich aus ausgewählten Food- und Near-Food-Produkten zusammensetzt, zu den empfohlenen Normalpreisen für die Discounter zwischen 16% und 26,5% im direkten Vergleich zu aktuell bereits auf dem bulgarischen Markt agierenden Lebensmittelanbietern einsparen kann (s. Anl. 55). Das durchschnittliche Einsparpotenzial für die Konsumenten liegt nach dieser Analyse bei 21,3%. Dieser wichtige Aspekt ist bei der Werbung zur Filialeröffnung als Kaufmotiv aktiv zu kommunizieren.

5.1.4 Kommunikationspolitik

5.1.4.1 Werbepolitik

Das kommunikationspolitische Teilinstrument Werbung beinhaltet alle Maßnahmen, welche durch den Einsatz von externen Werbeträgern[389] umgesetzt werden, mit dem Ziel, die Verbraucher zu informieren und zum Kauf zu motivieren[390].

5.1.4.1.1 Printwerbung

Die Printwerbung gehört zu der klassischen Werbung der Massenkommunikation und umfasst alle Werbemittel[391] in gedruckter Form[392]. Die wichtigsten Druckstücke, die vom deutschen Lebensmitteleinzelhandel eingesetzt werden, sind bspw. Anzeigen, Beilagen bzw. Prospekte und Flugblätter[393].

---

[388] Vgl. Lerchenmüller (2003), S. 124.
[389] Die Werbeträger (z.B. Printmedien, Fernsehen, Radio, Internet) tragen die Werbebotschaften über Werbemittel an den Zielpersonen heran. Vgl. Ramme (2004), S. 204; Vgl. Zentes et al. (2006), S. 402ff.
[390] Vgl. Barth et al. (2007), S. 221; Vgl. Lerchenmüller (2003), S. 139; Vgl. Ramme (2004), S. 200; Vgl. Tietz (1993), S. 437.
[391] In den Werbemitteln (z.B. Anzeige, Spot) werden die konkreten Werbebotschaften dargestellt, die durch verschiedene Werbeträger kommuniziert werden. Vgl. Meffert (2000), S. 709f.; Vgl. Tietz (1993), S. 443; Vgl. Zentes et al. (2006), S. 402.
[392] Vgl. Barth et al. (2007), S. 231; Vgl. Ramme (2004), S. 200ff.; Vgl. Zentes et al. (2006), S. 402.
[393] Vgl. Barth et al. (2007), S. 231.

Die Anzeigen sind Bekanntmachungen, welche meist durch Zeitungen und Zeitschriften verbreitet werden[394]. Die Discounter Aldi, Lidl und Penny investieren ihre Werbebudgets in Deutschland fast ausschließlich in diese klassischen Massenmedien. Im Jahr 2008 gab bspw. Lidl 255 Mio. Euro für Anzeigenwerbung in der Zeitung aus.[395] Aldi und Lidl schalten bspw. jeweils einseitige Anzeigen in der gleichen Ausgabe der deutschen Bild-Zeitung vom 03.08.2009. Im Jahr 2008 wurden in Bulgarien 438 Zeitungen (davon 70 Tages- und 188 Wochenzeitungen) und 601 Zeitschriften (davon 6 Fachzeitschriften für Handel) herausgegeben[396]. Für den Markteintritt in Bulgarien empfiehlt sich ebenso die Investition in die Anzeigenwerbung. Dabei sind zum einen die Tageszeitungen und zum anderen die in den Städten regelmäßig kostenlos verteilten Gemeindeblätter (s. Anl. 56) zu bevorzugen.

Die Beilagen bzw. die Prospekte sind mehrseitige bedruckte Werbemittel, welche für den Verbraucher kostenlos über die Printmedien wie Tageszeitungen oder Anzeigenblätter an die Haushalte verteilt werden[397].

Eine kostengünstigere Version als die o.g. Arten ist die Werbung mit Flugblättern, welche auch aufgrund der zielgenaueren Einsatzfähigkeit in den klar definierbaren Einzugsgebieten der Filialen für den Einzelhandel von großer Bedeutung ist[398]. Weitere Vorteile des Flugblattes sind die geringen Streuverluste bei der Verteilung an die Haushalte und die zeitliche Gestaltungsflexibilität[399].

Laut einer Studie von GfK Bulgaria empfangen derzeit insg. 34,4% der befragten Bulgaren überhaupt solche Flugblätter. 19% der Bürger lesen diese und weitere 6,1% lesen diese und kaufen dementsprechend ein. Die Prozentanteile der Empfänger dieser Flugblätter weisen starke Unterschiede zwischen der Hauptstadt Sofia (72,1%), der übrigen Städte (ca. 21%) und der Dörfer (5,1%) auf (s. Anl. 57).[400] Dies zeigt ein großes Potential und spricht für die Verteilung von derartigen Blättern durch den markteintretenden Discounter.

5.1.4.1.2 Fernseh- und Rundfunkwerbung

Das Fernsehgerät gehört zu den elektronischen Medien, welche durch die Kombination von Text, Bild und Ton eine intensiv wirkende multisensorische Ansprache der Konsumenten ermöglichen[401]. Dieses Medium ist überwiegend für erklärungsbedürftige Produkte geeignet[402], die die Discounter jedoch nicht anbieten. Die vergleichsweise hohen Kosten dieses Instrumentes[403] führten zudem dazu, dass die deutschen Lebensmittel-Discounter bisher auf

---

[394] Vgl. Barth et al. (2007), S. 231f.
[395] Vgl. o.V. (2009c): Händler bewegen die Werbeszene, S. 40.
[396] Vgl. NSI (2009f), S. 1ff.
[397] Vgl. Barth et al. (2007), S. 232.
[398] Vgl. Barth et al. (2007), S. 232; Vgl. Lerchenmüller (2003), S. 150.
[399] Vgl. Lerchenmüller (2003), S. 150.
[400] Vgl. GfK Bulgaria (2008b), S. 2.
[401] Vgl. Meffert (2000), S. 717f.; Vgl. Meffert/Bolz (1998), S. 202.
[402] Vgl. Meffert (2000), S. 719; Vgl. Meffert/Bolz (1998), S. 202.
[403] Vgl. Barth et al. (2007), S. 235.

den Einsatz verzichtet haben. Lidl schaltete erstmalig im Jahr 2008 TV-Werbung[404]. Da die Betriebsform Discounter und ihre Niedrigpreisstrategie in Bulgarien ganz neu ist, ist in der Phase des Markteintrittes die Nutzung von Fernsehspots erwägenswert, um schnell den Bekanntheitsgrad und den Imageaufbau des Unternehmens zu erreichen. Dafür bieten sich 119 registrierte und lizenzierte TV-Sender an, welche 36.361 Stunden Werbung im Jahr 2008 ausgestrahlt haben[405].

Der Rundfunk ist das älteste elektronische Massenmedium, mit welchem die Werbebotschaft, i.d.R. in Unterhaltungsmusik eingebettet, unterbewusst und nebenbei wahrgenommen wird[406]. Im Gegensatz zu der TV-Werbung ist die Radiowerbung preisgünstiger, vor allem bei den lokalen privaten Hörfunksendern, die auch zu den streuverlustärmsten und zielgruppengenauen Medien gehören[407]. In Bulgarien gibt es 114 lizenzierte Radiosender, welche 34.663 Stunden Werbung im Jahr 2008 übertragen haben[408]. Die schnell kumulierte Reichweite und die hervorragende Einsatzmöglichkeit, vor allem bei regionalen Kampagnen und Testmärkten, sorgen für schnelle Bekanntmachung[409] und sprechen dafür, dass die Lebensmittel-Discounter für ihren Markteintritt auf dem bulgarischen Absatzmarkt dieses Medium einsetzen.

5.1.4.1.3 Internetwerbung

Das vergleichsweise noch neue Medium Internet kann die Werbebotschaft optisch (z.B. Text, bewegliche und unbewegliche Bilder) und akustisch (z.B. Sprache, Musik, Klangeffekte) darstellen[410]. Die beiden wichtigsten Internetwerbungsarten sind die Bannerwerbung und die eigene Unternehmenshomepage[411]. Die Bannerwerbung ist eine Form der Internetwerbung, die auf fremden Online-Auftritten platziert wird und vom Nutzer unaufgefordert erscheint[412]. Der eigene Internet-Auftritt umfasst Inhalte wie Firmeninformationen, Sortiments- und Preisinformationen, Stellenangebote etc., welche auf Initiative des Nutzers aufgerufen werden[413]. Alle in dieser Untersuchung als relevant definierten Discounter (s. Abschn. 1.4) haben in Deutschland eine eigene Homepage, auf welcher sie ausführliche Informationen über das Unternehmen (z.B. Geschichte, Philosophie, Grundsätze, Prinzipien etc.), Sortiment (z.B. Angebote, Preissenkungen etc.) und weitere Informationen (z.B. Neuigkeiten, Warentests etc.) präsentieren.

In Bulgarien hatte im Jahr 2008 jeder vierte Haushalt einen Internetzugang[414]. In dem neuen EU-Mitgliedsland lässt sich eine rasante Entwicklung der Internetdurchdringung feststellen,

---

[404] Vgl. o.V. (2009c): Händler bewegen die Werbeszene, S. 40.
[405] Vgl. NSI (2009d), S. 1.
[406] Vgl. Berekoven (1990), S. 248f.; Vgl. Meffert (2000), S. 720.
[407] Vgl. Berekoven (1990), S. 251; Vgl. Meffert (2000), S. 720.
[408] Vgl. NSI (2009e), S. 1.
[409] Vgl. Meffert (2000), S. 720.
[410] Vgl. Barth et al. (2007), S. 235f.; Vgl. Ramme (2004), S. 211.
[411] Vgl. Meffert et al. (2008), S. 665ff.
[412] Vgl. Meffert et al. (2008), S. 666.
[413] Vgl. Meffert et al. (2008), S. 665.
[414] Vgl. NSI (2009g), S. 3.

welche im Jahr 2000 nur 7% betrug, 2004 schon auf 15,4% anstieg und 2008 bereits 43% erreicht hat[415]. Angesichts dieser starken Zunahme, der vorhandenen Internet-Auftritte der bestehenden Wettbewerber in der Lebensmittelbranche (s. Anl. 40) und auf Grund der neu zu kommunizierenden Betriebsform Discounter auf dem bulgarischen Absatzmarkt, empfiehlt sich die Betreibung einer eigenen Homepage. Von den in Kürze nach Bulgarien expandierenden deutschen Lebensmittel-Discountern hat Penny bereits eine Homepage (s. http://www.penny.bg/) gestartet und Plus baut diese aktuell auf (s. http://www.plus.bg/). Die Internetseiten sollen den Konsumenten, aber auch den künftigen Mitarbeitern ähnliche Inhalte vermitteln, wie die o.g. der deutschen Muttergesellschaften.

Der Einsatz von Online-Shopsystemen ist beim bulgarischen Markteintritt in den Produktsegmenten Lebensmittel (Food) und Haushaltswaren (Near-Food) derzeit nicht empfehlenswert, da die Bulgaren laut einer Eurostat-Untersuchung für das Jahr 2007 keine solchen Artikel über das Internet gekauft haben[416].

5.1.4.1.4 Außenwerbung

Die Außenwerbung wird bzgl. des unterschiedlichen Mobilitätsgrades der Werbeträger in stationäre und mobile unterteilt[417]. Ladenschilder, Aufschriften und Lichtwerbung an Geschäftsgebäuden sowie deren farbige Gestaltung, die klassischen Plakate und die Cityposter gehören zu der Außenwerbung, die an einen festen Standort gebunden ist[418]. Die Gestaltung der Ladenschaufenster ist eines der bedeutendsten Werbemittel im Einzelhandel[419]. Diese spielt für die Lebensmittel-Discounter, welche die Gestaltung der Fenster fast ausschließlich auf das Aufkleben von Angebotsplakaten beschränkt, kaum eine Rolle. Zu der beweglichen Werbung zählen vor allem die Aufschriften an öffentlichen Verkehrsmitteln, Taxen, Lastkraftwagen und privaten Pkw[420]. Grundsätzlich eignet sich diese Art von Werbung zur schnellen Bekanntmachung vor allem von einfachen Produkten, die keiner detaillierten Erläuterung der Eigenschaften bedürfen, sowie zum Transport von einfach verstehbaren Unternehmensimages[421].

Während der Vorbereitung der Markterschließung und in der Phase des Eintrittes ist den deutschen Lebensmittel-Discountern Außenwerbung in fast allen o.g. Variationen anzuraten. Bspw. macht die Discountkette Plus bereits einige Monate vor der Eröffnung der ersten Filiale Plakatwerbung an den Hauptverkehrsstraßen (s. Anl. 58).

---

[415] Vgl. GfK Bulgaria (2008a), S. 28; Vgl. NSI (2009g), S. 3.
[416] Vgl. Eurostat (2009d), S. 52.
[417] Vgl. Meffert (2000), S. 717; Vgl. Meffert/Bolz (1998), S. 201; Vgl. Meffert et al. (2008), S. 654.
[418] Vgl. Barth et al. (2007), S. 233; Vgl. Meffert (2000), S. 717; Vgl. Meffert/Bolz (1998), S. 201f.; Vgl. Meffert et al. (2008), S. 654; Vgl. ZAW (2009), S. 387.
[419] Vgl. Barth et al. (2007), S. 233.
[420] Vgl. Berekoven (1990), S. 243f.; Vgl. Meffert (2000), S. 717; Vgl. Meffert/Bolz (1998), S. 202; Vgl. Meffert et al. (2008), S. 654; Vgl. ZAW (2009), S. 398.
[421] Vgl. Meffert (2000), S. 717.

Die Formalgestaltung von Werbemitteln wie Anzeigen oder Spots wird durch Texte, Bilder, Töne und Slogans geprägt, wovon die Wirkung der Werbung direkt abhängt[422]. Bezüglich der Gestaltung der formalen Komponenten, wie z.b. Sprache, Farbe, Größe und Länge sowie Verwendung von Bildern und Musik ist eine Differenzierung für den bulgarischen Markt erforderlich, da ein länderübergreifender Einsatz von Werbung wegen den empfängerspezifischen Einflussfaktoren (z.b. soziale Schichten, Bildungsniveau, unterschiedliche Assoziationen etc.) nicht ergebnisorientiert und sinnvoll ist[423]. Für den Zeitraum vor der Erschließung (z.B. 4-6 Monate vor Eröffnung der ersten Filiale) und dem eigentlichen Eintritt der Lebensmittel-Discounter auf dem bulgarischen Absatzmarkt wird die Beauftragung einer mit den lokalen Bedürfnissen der Konsumenten vertrauten Marketingagentur empfohlen.

5.1.4.2 Verkaufsförderungspolitik

Die Verkaufsförderungspolitik ist das kommunikationspolitische Teilinstrument, welches direkt an dem Weg der Ware zum Abnehmer ansetzt und meist auf kurzfristige Umsatzsteigerungen einzelner Artikel ausgerichtet ist[424]. Im Einzelhandel ist die Mehrheit der Verkaufsförderungsaktivitäten vom Hersteller bzw. Lieferanten veranlasst. Maßnahmen, die unmittelbar auf den Endverbraucher gerichtet sind, werden oft als Verkaufs- bzw. Verbraucher-Promotions bezeichnet.[425] Dazu bestehen vielfältige Möglichkeiten wie z.B. Gewinnspiele, Preisausschreiben, Verköstigungen, Produktproben, Aktionsstände und der Einsatz von Promotionspersonal[426]. Die Schulung des Verkaufspersonals und dessen systematische Unterstützung mit dem Ziel, den Leistungswillen und die -fähigkeit zu steigern, zählen ebenso zu den Maßnahmen im Rahmen dieses Marketinginstruments[427].

Verkaufsförderung ist vor allem bei Lebensmittelprodukten sehr wichtig, da Kaufentscheidungen nicht aufwändig geplant werden und oft aus Gewohnheit oder durch einen Impuls am Point of Sale (POS) getroffen werden[428]. Die Werbe- und Verkaufsförderungspolitik sind vor allem im Bereich der Konsumentendirektansprache weniger trennscharf und von fließenden Übergängen gekennzeichnet[429]. Aus diesem Grund wird hier auf eine detaillierte Betrachtung und die Ableitung von Handlungsvorschlägen für den Markteintritt der deutschen Lebensmittel-Discounter auf dem bulgarischen Absatzmarkt verzichtet und auf Abschn. 5.1.4.1 hingewiesen. An der Stelle sei auch auf die personalgestützten Promotions und die Verteilung von kostenfreien Produktproben hingewiesen (s. Abschn. 5.1.2.2.1), deren Einsatz anzuraten ist.

---

[422] Vgl. Meffert/Bolz (1998), S. 197; Vgl. Ramme (2004), S. 202.
[423] Vgl. Meffert/Bolz (1998), S. 197ff.
[424] Vgl. Lerchenmüller (2003), S. 144.
[425] Vgl. Lerchenmüller (2003), S. 154.
[426] Vgl. Berekoven (1990), S. 276ff.; Vgl. Lerchenmüller (2003), S. 144 u. 154; Vgl. Meffert (2000), S. 723.
[427] Vgl. Lerchenmüller (2003), S. 145; Vgl. Meffert (2000), S. 724.
[428] Vgl. Ramme (2004), S. 220f.; Vgl. ZAW (2009), S. 395.
[429] Vgl. Ahlert/Kenning (2007), S. 283; Vgl. Lerchenmüller (2003), S. 146.

5.1.4.3 Kundenbezogene Public Relations

Unter kundenbezogenen Public Relations (Öffentlichkeitsarbeit) sind alle vertrauensbildenden, kundengerichteten Maßnahmen zu verstehen, welche das Ziel verfolgen, eine positive Einstellung der faktischen und potenziellen Konsumenten gegenüber dem Unternehmen als Ganzem zu schaffen oder die Meinung entsprechend dahingehend positiv zu beeinflussen[430]. Zu den denkbaren PR-Aktivitäten im Einzelhandel zählen bspw. Tage der offenen Tür, die Homepages im Internet, die reinen Image-Aktionen für die Gesamtkundschaft (Straßenfeste, Eröffnungsfeier etc.), die Initiierung redaktioneller Beiträge in lokalen Zeitungen und Sendungen in TV- und Radio-Sendern[431].

Das Hauptziel der Öffentlichkeitsarbeit besteht darin die Kundschaft über das Unternehmen in Kenntnis zu setzen und möglichst positive Gefühle und latente Bedarfe zu wecken[432]. „Eine sinnvolle kundenbezogene PR-Aktivität ist nur möglich, wenn eine Unternehmung eine klare Corporate Identity (CI) entwickelt und konsequent in ein Corporate Design (CD) umgesetzt hat."[433] Die CI und CD der Discounter sind stark durch ihre Niedrigpreisstrategie und die daraus abgeleiteten Grundsätze geprägt.

Im Rahmen der bulgarischen Markterschließung der deutschen Lebensmittel-Discounter kommt der PR-Arbeit eine große Bedeutung zu. Ihre Hauptaufgabe wird die Anziehung der neuen bulgarischen Kunden und deren Gewinnung als Stammkunden sein. Dies kann durch Schaffung von Sympathiegefühlen erreicht werden, welche z.B. durch die Selbstdarstellung und durch die Kommunikation des Goodwill des Unternehmens im Gastland (s. Abschn. 6.2) erfolgen kann.

5.2 Der Marketing-Mix als zusammenführendes Kombinationsergebnis

Der Marketing-Mix ist die zielorientierte und strategieadäquate Kombination der einzelnen Marketinginstrumente[434]. Die wesentlichen Instrumente wurden bereits detailliert betrachtet und mit spezifischen Handlungsvorschlägen für deren Ausgestaltung im Rahmen des Markteintrittes der deutschen Lebensmittel-Discounter auf den bulgarischen Absatzmarkt versehen (s. Abschn. 5.1). An dieser Stelle geht es vielmehr darum, die o.g. Empfehlungen in einem Kombinationsergebnis zusammenzufassen und kompakt in Form einer Matrix darzustellen (s. Abb. 11).

---

[430] Vgl. Lerchenmüller (2003), S. 146 u. 155; Vgl. Zentes et al. (2006), 408f.
[431] Vgl. Lerchenmüller (2003), S. 155; Vgl. Zentes et al. (2006), S. 409.
[432] Vgl. Lerchenmüller (2003), S. 155.
[433] Lerchenmüller (2003), S. 147.
[434] Vgl. Becker (2006), S. 486.

LEISTUNGSSUBSTANZPOLITIK	TRANSFERLEISTUNGSPOLITIK
• Stark begrenztes Produktsortiment von ca. 500-800 Artikeln • Sehr hoher Eigenmarkenanteil • Völliger Verzicht auf Beratung und Dienstleistung • Ausreichendes Parkplatzangebot • Mindestens 10 Filialen zum Start • Ein funktionierendes Logistikzentrum • Filialverkaufsfläche von ca. 600-800 qm • Geringer Personaleinsatz von angelernten Mitarbeitern • Durchgängige Öffnungszeiten täglich zwischen 8 u. 21 Uhr	• Filialstandorte in Städten mit mehr als 20.000 Einwohnern • Verkaufsstätten mit Selbstbedienung • Einfache und effiziente Verkaufsstättengestaltung • Einfache Massenpräsentation der Produkte auf den Regalen und den Paletten
ENTGELTPOLITIK	**KOMMUNIKATIONSPOLITIK**
• Dauerhaft niedrige Verkaufspreise • Weitgehender Verzicht auf temporäre Preisschnäppchen • Verzicht auf Sonderpreise	• Anzeigenwerbung in Tageszeitungen und Gemeindeblättern • Werbung mit Flugblättern • Werbespots in TV und Radio • Unternehmenshomepage • Plakatwerbung an Hauptverkehrsstraßen • Ladenbeschilderung/Leuchtreklame für die Verkaufsstätten • Werbung an öffentlichen Verkehrsmitteln, LKW u. PKW • Verteilung von kostenfreien Produktproben • Markteintritts- und Eröffnungsfeier • Redaktionelle Beiträge in lokalen Zeitungen u. Zeitschriften • Sendungen in TV und Radio

Abb. 11: **Marketing-Mix für deutsche Lebensmittel-Discounter beim Markteintritt auf dem bulgarischen Absatzmarkt**

Dieses Schaubild liefert zunächst einen Überblick darüber, welche Marketinginstrumente eingesetzt werden sollen. Aus dem Ergebnis wird deutlich, dass im Rahmen der bulgarischen Expansion der deutschen Lebensmittel-Discounter weitgehend eine länderübergreifende Standardisierung möglich ist. In Teilbereichen ist jedoch eine Diversifikation notwendig. Anpassungen sind vor allem bei der Gestaltung des Produktsortiments, bei der Größe der Verkaufsfläche, bei den Öffnungszeiten, bei der Preis- und der Kommunikationspolitik erforderlich.

Für den Einsatz der einzelnen Werkzeuge stehen i.d.R. nur begrenzte Budgets zur Verfügung, so dass die Intensität der Nutzung und die zeitliche Anwendung vom Marketingmanagement unternehmensindividuell zu entscheiden ist[435]. Wie bereits bei der Begriffsdefinition zur Markteintrittskonzeption beschrieben (s. Abschn. 1.3.3), ist bei der Maßnahmenumsetzung zu den einzelnen Elementen aus dem Marketing-Mix teilweise ein fließender Übergang von der Phase des Markteintrittes in die laufende Marktbearbeitung anzunehmen.

---

[435] Vgl. Meffert et al. (2008), S. 745.

5.3 Marketingorganisation

5.3.1 Aufbauorganisation

Die Aufbauorganisation befasst sich grundsätzlich mit der „Zerlegung und Verteilung von Aufgaben und Kompetenzen sowie der Koordination von Aufgaben und Aufgabenträgern"[436]. Im Marketing bildet sie die Grundlage für die organisatorische Gestaltung einzelner Arbeitsprozesse[437] (s. Abschn. 5.3.2).

Im Rahmen der Expansion der deutschen Lebensmittel-Discounter auf dem bulgarischen Absatzmarkt sind dazu zunächst die anfallenden Arbeiten in Einzelaufgaben zu zerlegen und zu erfassen. In einem weiteren Schritt werden Über- und Unterordnung der Stellen festgelegt und graphisch in einem Organigramm dargestellt.[438] Dieses Organisationsschaubild gibt nur einen Überblick über die Aufbauorganisation und die Über- und Unterstellungsverhältnisse, Weisungsbeziehungen sowie Kommunikations- und Informationsbeziehungen[439]. Daraus wird ein vollständiger Plan für die zu besetzenden Stellen und deren benötigte Anzahl ausgearbeitet[440], die durch vorhandene Mitarbeiter aus dem eigenen Unternehmen oder durch Rekrutierung von bulgarischen Mitarbeitern vor Ort besetzt werden. Über diese quantitative Darstellung hinaus bedarf es einer umfassenden Aufnahme der Anforderungen jeder Stelle und die qualitative Mitarbeiterbedarfsermittlung. Dies kann in Stellenbeschreibungen, welche die detaillierten Informationen (z.B. Qualifikationen, Aufgaben, Kompetenzen, Verantwortungsbereiche etc.) über die künftigen Stelleninhaber liefern, realisiert werden.[441]

Rechtzeitig sollen Stellenausschreibungen für die interne Besetzung (z.B. Fach- und Führungskräfte) und für das in Bulgarien zu rekrutierende Personal inseriert werden. Weiterhin müssen unterschiedliche arbeitsvertragliche Gestaltungen in Betracht gezogen werden. Die Anpassung der Arbeitsverhältnisse ist auf der einen Seite für bereits vorhandene deutsche Mitarbeiter im Rahmen des grenzüberschreitenden Einsatzes befristet (z.B. in Form von Dienstreisen, Entsendungen und Versetzungen) oder unbefristet (z.B. durch Abschluss eines neuen Vertrages mit der Tochtergesellschaft im Expansionsland) erforderlich[442]. Andererseits sind für die bulgarischen Beschäftigten vor Ort arbeitsvertragliche Ausgestaltungen zu treffen, wobei die Beratung durch Arbeitsrechtsexperten im Zielland erforderlich und empfehlenswert ist. Dies liegt vor allem darin begründet, dass strenge detaillierte gesetzliche Vorschriften (z.B. bzgl. des Arbeitsortes/-platzes, Arbeitszeit pro Tag u. Woche, Kündigungsfristen) die Grundlage für den Arbeitsvertrag bilden[443].

---

[436] Bea/Göbel (2006), S. 297.
[437] Vgl. Meffert et al. (2008), S. 769.
[438] Vgl. Quack (1995), S. 22.
[439] Vgl. Nicolai (2006), S. 31.
[440] Vgl. Ebd.
[441] Vgl. Ebd.
[442] Vgl. Lorenz/Schmeisser (2004), S. 159.
[443] Vgl. Draganova (2009), S. 36.

5.3.2 Ablauforganisation

Die Ablauforganisation regelt alle materiellen, monetären, personellen und informatorischen Prozesse, welche auf der Aufbauorganisation basieren[444].

5.3.2.1 Materielle Ebene

Die Abläufe auf der materiellen Ebene im Handel umfassen die Warenprozesse, wie z.B. Produktion, Lagerung inkl. Transport und Kommissionierung[445].

Die Ware, welche in den neuen bulgarischen Discounter-Filialen angeboten wird (s. Abschn. 5.1.1.1.1), soll zum einen von den bisherigen Herstellern und zum anderen von neuen lokalen Produzenten bezogen werden. Die Suche nach neuen Erzeugern, die Verhandlungen über Konditionen und die Schließung von Kontrakten gehören zu den Aufgaben des nationalen (in der Tochtergesellschaft) und internationalen (in der Muttergesellschaft) Einkaufs des Lebensmittel-Discounters.

Die Umschlagshäufigkeit des angebotenen Discounter-Sortiments ist sehr hoch, so dass eine Lagerhaltung in der Filiale nur in sehr geringem Umfang benötig wird. Nach dem Wareneingang füllen die Filialmitarbeiter die Regale im Verkaufsraum auf. Für die Phase des Markteintrittes wird mindestens ein Zentrallager in Bulgarien benötigt, aus welchem die Versorgung der einzelnen Standorte erfolgt. Die aktuelle Situation bzgl. freier Lagerflächen im Expansionsland ist als unzureichend einzustufen[446]. Dies liegt einerseits an den zu hohen Grundstückspreisen (um Sofia z.B. 200 bis 350 Euro pro qm) und Baukosten (zw. 400 und 500 Euro pro qm), anderseits an den für Investoren zu unattraktiven Mieteinnahmen, welche höchstens 3 bis 4 Euro pro qm betragen[447]. Aus diesem Grund ist den markteintretenden deutschen Lebensmittel-Discountern ein rechtzeitiger Baubeginn für ein Logistikzentrum in einer verkehrsgünstigen Lage anzuraten.

5.3.2.2 Monetäre Ebene

Die Prozesse auf der monetären Ebene sind die Finanzvorgänge, welche durch wirtschaftsbereichsübergreifende Gesetzmäßigkeiten gekennzeichnet sind[448].

Im Rahmen der bulgarischen Markterschließung stellt sich die Frage nach der optimalen Finanzierungsform. Zwar werden die Expansionsmaßnahmen der führenden deutschen Lebensmittel-Discounter überwiegend aus den Unternehmensgewinnen sowie über neue Free Cash-Flows finanziert[449]. Doch auch die Beantragung von Krediten bei der Europäischen

---

[444] Vgl. Lerchenmüller (2003), S. 379.
[445] Vgl. Lerchenmüller (2003), S. 424.
[446] Vgl. o.V. (2008b): Gute Qualität ist stets gefragt, S. 13.
[447] Vgl. Ebd.
[448] Vgl. Lerchenmüller (2003), S. 423.
[449] Vgl. KPMG (2004), S. 36f. u. 78; Vgl. Rudolph (2000), S. 25; Vgl. Rudolph et al. (2008), S. 71f.

Bank für Wiederaufbau und Entwicklung (EBWE) kann nach der Vorlage einer überzeugenden Markteintrittskonzeption Erfolg haben. So hat die deutsche Supermarktkette Kaufland für ihre Expansionsvorhaben in Bulgarien und Rumänien 150 Mio. Euro von der EBWE erhalten. Das Darlehen wird für die Eröffnung und Verwaltung von 20 Filialen in Rumänien und 13 in Bulgarien, die in kleineren und schwächer entwickelten Städten mit niedrigerer Kaufkraft angesiedelt werden, verwendet.[450] Kritisch betrachtet stellt diese Art der bereits vergebenen zinssubventionierten Finanzierungen durch die EBWE für die deutschen Lebensmittel-Discounter ggf. ein wettbewerbsverzerrendes Element dar, das im Rahmen der eigenen Markteintritts- und Finanzierungsüberlegungen zu bedenken ist.

Auf der monetären Ebene sollen auch die Überlegungen stattfinden, ob die Verkaufstätten und das Logistikzentrum gemietet, geleast oder selber gebaut werden sollen. Angesichts der hohen Mietpreise (zw. 20 und 50 Euro pro qm) von neuen und modernen Einzelhandelsflächen (meistens Einkaufszentren), welche überwiegend in den Großstädten (z.B. in Sofia, Varna und Burgas) gebaut wurden und nicht der Bauart der Discounter-Filialen entsprechen[451], wird die eigene Infrastrukturherstellung nicht zu umgehen sein. Dies ist im Vergleich zu Miete oder Leasing mit höherem Kapitaleinsatz verbunden, welcher zu berücksichtigen ist.

Weiterhin ist der Geldverkehr zwischen Mutter- und Tochtergesellschaft sowie zu den neuen Herstellern bzw. Lieferanten sicherzustellen. Die Bezahlungsmodalitäten (Bar, EC-Karte) für die künftigen Konsumenten sind den bulgarischen Standards anzupassen.

5.3.2.3 Personelle Ebene

Die personelle Ebene umfasst Vorgänge mit sozialem Charakter. Die festgestellten gravierenden Kultur- und Mentalitätsunterschiede (s. Abschn. 4.1.1.4) müssen für den Eintritt auf dem bulgarischen Absatzmarkt vor allem bei dem Führungsverhalten und bei dem Personalentlohnungssystem Berücksichtigung finden.

Der Führungsstil der Discounter in Deutschland, welcher u.a. durch regelmäßige Kontrolle geprägt ist[452], wird bei den bulgarischen Mitarbeitern, welche grundsätzlich das Bedürfnis nach Abhängigkeit besitzen, größtenteils auf Akzeptanz stoßen. Der erwartete Beitrag von jedem Mitarbeiter zur ständigen Optimierung und Verbesserung der Preisführerschaft[453] wird in Bulgarien nahezu ausbleiben, da die Bulgaren sich eher passiv verhalten und Veränderungen fürchten. Da die Bulgaren am Arbeitsplatz Harmonie und Einverständnis suchen, ist das bei den deutschen Discountern oft kritisierte rüde Führungsverhalten entsprechend anzupassen.

Bei der Personalentlohnung muss berücksichtigt werden, dass die Bedeutung der Freizeit für die Menschen in diesem Land sehr hoch ist und diese nicht einfach mit Geld kompensiert

---

[450] Vgl. o.V. (2009n): Kaufland wird mit EBWE-Finanzierung Geschäfte bauen, S. 32.
[451] Vgl. o.V. (2009o): Mieten für Geschäfte, S. 29.
[452] Vgl. Ludowig (2009), S. 39.
[453] Vgl. Lidl (2009), S. 1; Vgl. Rudolph et al. (2008), S. 101.

werden kann. Daher ist eine Kombination von Zeit- und Leistungslohn anzuraten, die sich z.B. aus fixem Stundenlohn und variablem Leistungslohn (z.B. umsatzabhängig) zusammensetzt.

5.3.2.4 Informationsebene

Auf dieser Ebene geht es um alle informationsbezogenen und kommunikativen Prozesse, welche in Zusammenhang mit allen materiellen Warenvorgängen und darauf bezogenen monetären Abläufen sowie allen damit verbundenen personenbezogenen Aktivitäten stehen[454].

Ein effizientes Informationsmanagement baut auf geeigneten Informations- und Kommunikationssystemen auf, welche die benötigten Daten beschaffen, speichern, aufbereiten und bedarfsbezogen bereitstellen[455]. Moderne Warenwirtschaftssysteme ermöglichen alle diese Informationsmaßnahmen, die zur Kontrolle und Steuerung der Warenvorgänge und der damit verbundenen Geld- und Personalabläufe benötigt werden[456]. Elektronische Kommunikationssysteme gestatten z.B. die Einbeziehung von Lieferanten in die komplexen warenwirtschaftlichen Informationsströme[457].

Es ist anzunehmen, dass sich die o.g. Systeme zwischen Bulgarien und Deutschland hinsichtlich der verfügbaren Technologien und Standards deutlich unterscheiden. Dies führt zu einer Komplexität bei der länderübergreifende Übertragung der Prozesse auf der Informationsebene, die es zu bewältigen gilt. Die Sammlung und Aufbereitung der Informationen gehört zu den Hauptaufgaben des Marketingcontrollings[458] und wird im Folgenden behandelt.

5.4 Marketingcontrolling

5.4.1 Strategisches Marketingcontrolling

Das strategische Marketingcontrolling ist als ein System zu verstehen, das aus den Informations-, Planungs- und Kontrollsubsystemen besteht und an zukünftigen Erfolgspotentialen orientiert ist[459].

Die Hauptaufgaben des Informationssubsystems liegen in der Gewinnung, Aufnahme, Aufbereitung, Zusammenfassung und Interpretation von Umwelt- und Unternehmensinformationen[460]. Die somit gewonnenen Erkenntnisse über Stärken und Schwächen sowie Chancen und

---

[454] Vgl. Lerchenmüller (2003), S. 423 u. 449.
[455] Vgl. Becker (2006), S. 823; Vgl. Zentes et al. (2006), S. 580ff.
[456] Vgl. Lerchenmüller (2003), S. 450.
[457] Vgl. Becker (2006), S. 564.
[458] Vgl. Ahlert/Kenning (2007), S. 299.
[459] Vgl. Auerbach (1994), S. 39 u. 63f.
[460] Vgl. Auerbach (1994), S. 39ff.; Vgl. Becker (2006), S. 877; Vgl. Meffert/Bolz (1998), S. 291f.

Risiken werden in einer SWOT-Analyse zusammengeführt, welche die Entscheidungsträger im Bereich Marketing-Management bei der Entwicklung von kreativen und innovativen Strategien unterstützt[461].

Auf Basis der o.g. Analyse der gegenwärtigen und zukünftigen Situation des Unternehmens und seiner Umwelt werden im Planungssubsystem Marketingziele und -strategien formuliert[462]. Dabei werden langfristige Entscheidungen über das Aufnehmen, Aufgeben, Halten, Erweitern oder Reduzieren von Unternehmensaktivitäten getroffen[463].

Im Rahmen des Kontrollsubsystems beim strategischen Marketingcontrolling werden die Größen, welche bei der Planung als Ziele festgelegt wurden, auf ihren Erfüllungsgrad überprüft[464].

In dieser Untersuchung wurde angenommen, dass die strategische Entscheidung zum Eintritt auf dem bulgarischen Absatzmarkt bereits von den deutschen Lebensmittel-Discountern getroffen wurde und das Land als Expansionsziel schon fest steht. Nach dem Markteintritt und in der Anfangsphase der Marktbearbeitung ist zu überprüfen, ob ein weiteres Betreiben der Filialen, eine Erweiterung oder Reduzierung der Verkaufsstätten lohnenswert ist. Dafür werden die o.g. Informationen sowie die Kennzahlen aus dem operativen Marketingcontrolling analysiert.

5.4.2 Operatives Marketingcontrolling

Das operative Marketingcontrolling überprüft die Wirtschaftlichkeit von Strategien[465]. Seine Kernaufgabe liegt in der Kontrolle der laufenden Maßnahmen sowohl bei den einzelnen Marketinginstrumenten als auch bei dem Marketing-Mix[466]. Diese besteht im wesentlichen in der Ermittlung von Abweichungen (Soll-Ist-Vergleich) sowie in der Analyse ihrer Ursachen und in der Erarbeitung von adäquaten Anpassungsvorschlägen und Gegensteuerungsmaßnahmen[467].

Eine der wichtigsten Kontrollgrößen für den gesamten Marketing-Mix ist der Umsatz[468]. Eine weitere bedeutsame Kennzahl stellt die Anzahl der erreichten Gesamtkunden dar[469]. Diese und weitere Größen, wie Rohertrag, Handelsspanne, Deckungsbeitrag, Rentabilität etc., werden im Rahmen des operativen Marketingcontrollings einer Ergebniskontrolle unterzogen, bei der die erreichten Ergebnisse mit den geplanten Vorgaben entsprechend der quantitativen

---

[461] Vgl. Auerbach (1994), S. 61; Vgl. Becker (2006), S. 877.
[462] Vgl. Auerbach (1994), S. 44.
[463] Vgl. Deyhle (1988), S. 19f.
[464] Vgl. Berndt et al. (2005), S. 9.
[465] Vgl. Auerbach (1994), S. 63f.
[466] Vgl. Becker (2006), S. 863.
[467] Vgl. Becker (2006), S. 863; Vgl. Meffert/Bolz (1998), S. 291f.
[468] Vgl. Becker (2006), S. 863.
[469] Vgl. Meffert/Bolz (1998), S. 302.

Marketingziele verglichen werden[470]. Wenn eine negative oder positive Abweichung festgestellt wird, folgt eine Ursachenanalyse, um daraus weitere Handlungsvorschläge abzuleiten. Um bei Planabweichungen ganz gezielte Korrektur- bzw. Anpassungsmaßnahmen vornehmen zu können, ist die Detailüberprüfung der einzelnen instrumentenbezogenen Marketingmaßnahmen sinnvoll und notwendig[471]. Ferner müssen die unternehmensinternen Abläufe, wie z.B. die Koordination, die Abstimmung und die Implementierung von Maßnahmen, auf Effizienz geprüft werden[472]. Vor allem in der Markteintrittsphase, welche einen intensiven Ressourceneinsatz erfordert, ist das systematische Marketingcontrolling ein erforderlicher und unverzichtbarer Begleiter[473].

---

[470] Vgl. Meffert/Bolz (1998), S. 292.
[471] Vgl. Becker (2006), S. 867f.
[472] Vgl. Meffert/Bolz (1998), S. 292.
[473] Vgl. Hoppe/Rickes (2000), S. 198.

6 Schlussbetrachtung

6.1 Zusammenfassung der wesentlichen Erkenntnisse der Untersuchung

Mit der vorliegenden Studie wurde das Ziel verfolgt, eine praxisnahe Markteintrittskonzeption für deutsche Lebensmittel-Discounter auf dem bulgarischen Absatzmarkt herauszuarbeiten. Bei der Entwicklung dieser Konzeption wurden zuerst die angestrebten strategischen Ober- und operativen Marketingziele erläutert (s. Kap. 2). Darauffolgend standen die Niedrigpreisstrategie der deutschen Lebensmittel-Discounter als Voraussetzung für den Markteintritt, die möglichen Markteintrittsstrategien sowie die empfohlene Strategie bzgl. Timing und Eintrittsform im Mittelpunkt (s. Kap. 3). Anschließend wurden umwelt- (externe) und unternehmensbezogene (interne) Einflussfaktoren beleuchtet und in einer SWOT-Analyse bewertet (s. Kap. 4). Daraus empfahlen sich Handlungsvorschläge für die Ausgestaltung sowohl der einzelnen Marketinginstrumente als auch für den kombinierten Marketing-Mix (s. Kap. 5). Die wesentlichen Erkenntnisse dieser Untersuchung werden im Folgenden zusammenfassend erläutert.

Zu Beginn wurde kurz die Ausgangslage des deutschen Einzelhandels, der zunehmend von ruinösem Verdrängungswettbewerb geprägt ist, geschildert (s. Abschn. 1.1). In einem Überblick wurden die führenden deutschen Lebensmittel-Discounter Aldi, Lidl, Plus, Penny und Netto anhand von Kennzahlen identifiziert und als relevante Anbieter für diese Untersuchung festgelegt (s. Abschn. 1.4). Bei der Ermittlung der Oberziele dieser Unternehmen wurde festgehalten, dass diese jahrzehntelang ein überdurchschnittliches Wachstumsziel in Deutschland verfolgt hatten, jedoch stagnieren die Umsatzzuwächse hierzulande seit einigen Jahren (s. Abschn. 2.1.1). Durch eine Expansion nach Bulgarien bietet sich eine weitere Wachstumschance für die o.g. Anbieter. Dieser Markteintritt wird langfristig den Gewinn im Gesamtunternehmen steigern und zusätzliche Economies of Scale generieren (s. Abschn. 2.1.2). Hinzu kommt eine weitere Streuung des Gesamtunternehmensrisikos (s. Abschn. 2.1.3). Es wurden konkrete Formulierungsvorschläge für die operativen Marketingziele, welche die Grundlage und den Ausgangspunkt für die Markteintrittskonzeption bilden, erarbeitet (s. Abschn. 2.2.1 u. 2.2.2). Die Niedrigpreisstrategie der deutschen Lebensmittel-Discounter ist als Voraussetzung für hohe Akzeptanz bei der bulgarischen Bevölkerung anzusehen. Bei der Wahl der Markteintrittsstrategie wird den deutschen Lebensmittel-Discountern die Empfehlung ausgesprochen, beim Timing als Pionier oder früher Folger zu agieren und die Markteintrittsform Filialgründung, welche durch Gründung einer Tochtergesellschaft realisiert werden kann, zu wählen (s. Abschn. 3.2.3).

Aus der Untersuchung der externen Einflussfaktoren (s. Abschn. 4.1) wurde einerseits deutlich, dass im bulgarischen Lebensmitteleinzelhandel eine Marktlücke im Betriebsformat Discounter besteht, eine geringe Marktkonzentration festzustellen ist und überwiegend preisbewusste Konsumenten vorhanden sind. Andererseits sind die kaufkraftstärksten und bevölkerungsdichtesten Städte des Landes bereits von Handelsriesen besetzt. Die wichtigsten Ergebnisse aus der Analyse der internen Einflussfaktoren (s. Abschn. 4.2) sind auf der einen Seite, dass die konstant niedrigen Preise, die durch eine dauerhafte Kostenführerschaft erreicht werden, die ausgezeichneten Preis-Leistungs-Verhältnisse und die langjährigen umfangreichen Internationalisierungserfahrungen zu den Kernstärken der deutschen Lebensmittel-Discounter zählen. Auf der anderen Seite verfügen diese jedoch nur über geringe Kenntnisse der bulgarischen Marktgegebenheiten und es fehlen Führungskräfte sowie Rechtsexperten mit entsprechenden Sprachkenntnissen. Darüber hinaus wurden zahlreiche weitere Einflussfaktoren untersucht, die im Rahmen einer SWOT-Analyse entsprechend zugeordnet wurden (s. Abschn. 4.3). Für die zentralen Chancen und Risiken sowie die wichtigsten Stärken und Schwächen wurden Normstrategien abgeleitet und ausformuliert.

Die wesentlichen Marketinginstrumente wurden im Hinblick auf den bulgarischen Markteintritt der Discounter einzeln detailliert betracht, im Hinblick auf eine mögliche Standardisierung oder eine erforderliche Diversifikation untersucht und mit Empfehlungen für deren Ausgestaltung versehen (s. Abschn. 5.1). Diese Handlungsvorschläge sind als Kombinationsergebnis in einem Marketing-Mix zusammenfassend dargestellt (s. Abschn. 5.2). Im Ergebnis ist festzustellen, dass die deutschen Lebensmittel-Discounter beim Eintritt auf dem bulgarischen Absatzmarkt Anpassungen bei der Gestaltung des Produktsortiments, bei der Größe der Verkaufsfläche, bei den Öffnungszeiten und bei der Preis- und der Kommunikationspolitik vornehmen sollten.

6.2 Ausblick auf die Auswirkungen eines Markteintrittes von deutschen Lebensmittel-Discountern auf dem bulgarischen Absatzmarkt

Der Markteintritt der deutschen Anbieter wird vielfältige Auswirkungen haben und zu Veränderungen führen. Die bulgarischen Konsumenten werden sich über einen deutlichen Rückgang des Preisniveaus für Lebensmittel freuen können (s. Abschn. 5.1.3.1ff u. Anl. 54). Solche ausgeprägten Preissenkungsrunden ließen sich auch in anderen Expansionsländern der Discounter beobachten, wo das durchschnittliche Preisniveau teilweise um bis zu 20% sank[474]. Dies wird zu Veränderungen im Kundenverhalten führen, da durch die Reduzierung der Nahrungs- und Genussmittelanteile an den privaten bulgarischen Konsumausgaben höhere Mittel z.B. für langlebige Wirtschaftsgüter, Finanzdienstleistungen, Freizeit, Unterhaltung und Kultur zur Verfügung stehen.

Die Konzentrationsgeschwindigkeit im bulgarischen Lebensmitteleinzelhandel wird deutlich zunehmen. Es ist davon auszugehen, dass diese Branchenkonzentration zu vermehrten Unternehmensinsolvenzen, vor allem bei den traditionellen Anbietern (Kleingeschäfte, Minimarkets und „Tante-Emma-Läden") führt. Aus dieser Entwicklung ist zu erwarten, dass die Anzahl der Beschäftigten in der bulgarischen Lebensmittelbranche zurückgehen wird.

Durch die o.g. Konzentrationsprozesse im Lebensmitteleinzelhandel werden sich auch Auswirkungen für die lokalen Produzenten und Zulieferer ergeben. Diese lokalen Anbieter, die die Discounter beliefern wollen, müssen sich den neuen Rahmenbedingungen und den Vorgaben anpassen und der neuen Einkaufsmacht beugen. Die einzelnen bulgarischen Hersteller

---

[474] Vgl. Rudolph/Schweizer (2006), S. 13.

und Lieferanten werden entweder organisch wachsen sowie durch neue Produktionskooperationen ihre Lieferfähigkeit sicherstellen oder im Extremfall völlig aus dem Markt gedrängt.

Die führenden deutschen Lebensmittel-Discounter werden auf dem neu erschlossenen bulgarischen Absatzmarkt große Expansionserfolge feiern, da sie dem Bedürfnis der Konsumenten nach günstigen Lebensmitteln entgegenkommen.

Anhang

Anlagenverzeichnis

Anl. 1:	Struktur des Privatkonsums (BRD)
Anl. 2:	Anteil des Einzelhandelsumsatzes an den privaten Konsumausgaben in % 1995-2008 (BRD)
Anl. 3:	Umsätze des Einzelhandels 1999-2009 (BRD)
Anl. 4:	Entwicklung des Einzelhandelsumsatzes 1995-2008 (BRD)
Anl. 5:	Flächenentwicklung des Einzelhandels 1980-2010 (BRD)
Anl. 6:	Einordnung der Discounter in die Struktur des Einzelhandels (BRD)
Anl. 7:	Determinanten des Absatzmarktes
Anl. 8:	Umsatz im Lebensmitteleinzelhandel und Umsatzanteile der Discounter (BRD)
Anl. 9:	Anzahl der Lebensmittelgeschäfte und Anteil der Discounter (BRD)
Anl. 10:	Alternative Strategien zur Erschließung von Wachstumsquellen im Lebensmittel-Discounthandel
Anl. 11:	Vor- und Nachteile der Pionier-Strategie
Anl. 12:	Vor- und Nachteile der frühen Folger-Strategie
Anl. 13:	Vor- und Nachteile der späten Folger-Strategie
Anl. 14:	Zuordnung möglicher Markteintrittsformen von Unternehmen in Abhängigkeit von Kapitalbindung und Managementleistung im Stamm- und Gastland
Anl. 15:	Vor- und Nachteile der Filialgründung
Anl. 16:	Vor- und Nachteile der Akquisition
Anl. 17:	Vor- und Nachteile der Joint Ventures
Anl. 18:	Vorgehensweise bei der Untersuchung der Einflussfaktoren als Ausgangslage für den Markteintritt deutscher Lebensmittel-Discounter auf dem bulgarischen Absatzmarkt
Anl. 19:	Entwicklung des Bruttoinlandsprodukts 1999-2010 (BG)
Anl. 20:	Entwicklung der BIP-Wachstumsrate Bulgariens im EU-Vergleich 1999-2010
Anl. 21:	Arbeitslosenquote in der Eurozone im April 2009
Anl. 22:	Wichtige makroökonomische Indikatoren Bulgariens 2004-2010
Anl. 23:	Entwicklungsvergleich des Corruption Perceptions Index 2001-2008
Anl. 24:	Körperschaftssteuersätze 2008 im EU-Vergleich

Anl. 25:	Gebräuchlichste Gesellschaftsformen in Deutschland und Bulgarien I Kapitalgesellschaften
Anl. 26:	Gebräuchlichste Gesellschaftsformen in Deutschland und Bulgarien II Personengesellschaften
Anl. 27:	Anzahl bulgarischer Städte nach Einwohneranzahl
Anl. 28:	Bevölkerungsentwicklung in Bulgarien 1990-2060
Anl. 29:	GfK Kaufkraft Europa 2008/2009
Anl. 30:	GfK Kaufkraft-Karte Europa 2008/2009
Anl. 31:	Purchasing Power Index 2007 by Districts (BG)
Anl. 32:	Ausgabestruktur der privaten bulgarischen Haushalte 1999-2008
Anl. 33:	Struktur des Privatkonsums 1999-2008 (BG)
Anl. 34:	Vergleich der Struktur des Privatkonsums zwischen BRD und BG
Anl. 35:	Berechnung des bulgarischen Marktpotenzials für Lebensmittel
Anl. 36:	GfK Shopper Typology 2007/2008 in Bulgarien
Anl. 37:	PKW-Nutzung beim Einkauf von FMCG
Anl. 38:	Konkurrenzanalyse durch Ermittlung der Stärken und Schwächen des Wettbewerbs in jedem Kernbereich des Geschäfts I
Anl. 39:	Konkurrenzanalyse durch Ermittlung der Stärken und Schwächen des Wettbewerbs in jedem Kernbereich des Geschäfts II
Anl. 40:	Die führenden Lebensmitteleinzelhandelsunternehmen in Bulgarien mit einem Jahresumsatz von über 20 Mio. Euro
Anl. 41:	Filialstandorte der führenden Lebensmitteleinzelhandelsunternehmen in Bulgarien
Anl. 42:	Telefonisches Interview mit Frau Irena Yankova (GfK Bulgaria)
Anl. 43:	E-Mail-Schriftwechsel mit Herrn Vladislav Kolev (GfK Bulgaria)
Anl. 44:	Corner shops Piccadilly Express der bulgarischen Handelskette Piccadilly I
Anl. 45:	Corner shops Piccadilly Express der bulgarischen Handelskette Piccadilly II
Anl. 46:	Flächendeckende Marktpräsenz der Lebensmittel-Discounter in BRD
Anl. 47:	Beispiel für dezentrale und regionale Organisationsstruktur von Aldi Süd
Anl. 48:	SWOT-Normstrategien als Matrix zur Ableitung von strategischen Stoßrichtungen
Anl. 49:	Consumer profile in Europe: Time-use, population aged 20-74 years old
Anl. 50:	Ausgewählte bulgarische Lebensmittelspezialitäten I
Anl. 51:	Ausgewählte bulgarische Lebensmittelspezialitäten II

Anl. 52:	Main Shopping Place for Food Products (BG)
Anl. 53:	Bulgarische Städte mit mehr als 20.000 Einwohnern
Anl. 54:	Absatzmethode der deutschen Lebensmittel-Discounter
Anl. 55:	Lebensmittelpreisvergleich im bulgarischen Absatzmarkt im Juni 2009
Anl. 56:	Kostenloses regelmäßiges Gemeindeblatt der Stadt Pirdop
Anl. 57:	Consumers´ Attitude to Leaflet Campaigns (BG)
Anl. 58:	Praxisbeispiel: Werbekampagne zum bulgarischen Markteintritt von Plus

Anlagen

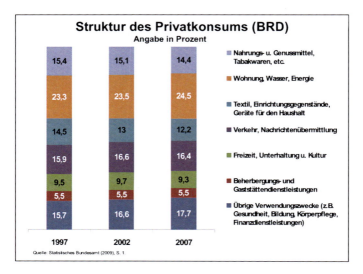

Anl. 1: Struktur des Privatkonsums (BRD)

Anl. 2: Anteil des Einzelhandelsumsatzes an den privaten Konsumausgaben in % 1995-2008 (BRD)

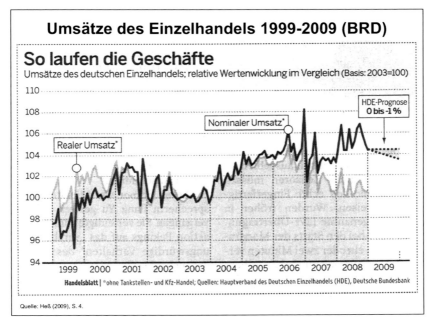

Anl. 3: Umsätze des Einzelhandels 1999-2009 (BRD)

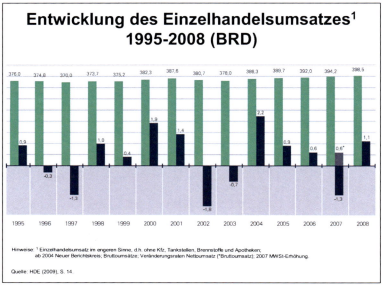

Anl. 4: Entwicklung des Einzelhandelsumsatzes 1995-2008 (BRD)

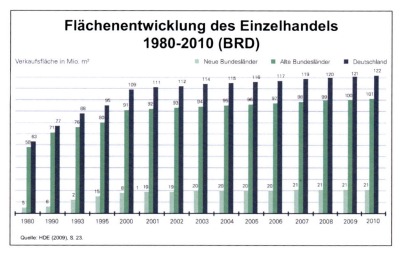

Anl. 5: Flächenentwicklung des Einzelhandels 1980-2010 (BRD)

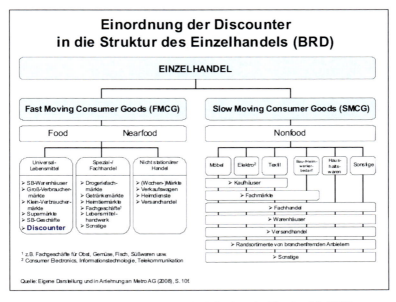

Anl. 6: Einordnung der Discounter in die Struktur des Einzelhandels (BRD)

Anl. 7: Determinanten des Absatzmarktes

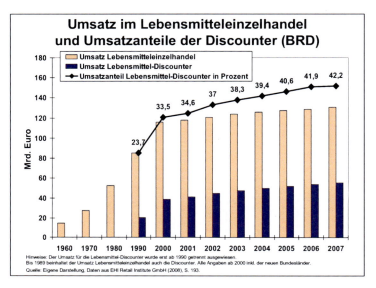

Anl. 8: Umsatz im Lebensmitteleinzelhandel und Umsatzanteile der Discounter (BRD)

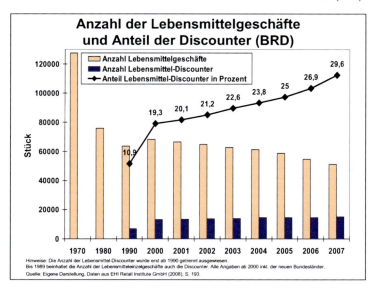

Anl. 9: Anzahl der Lebensmittelgeschäfte und Anteil der Discounter (BRD)

Alternative Strategien zur Erschließung von Wachstumsquellen im Lebensmittel-Discounthandel

Märkte Produkte/ Produktsortiment	Bisherige Kunden/ Kundensegmente	Neue Kunden/ Kundensegmente in bisherigen Regionen	Neue Kunden/ Kundensegmente in neuen Regionen
		Marktentwicklung	
Bestehende Produkte und bestehendes Produktsortiment	Marktdurch- dringung	Markterweiterung (bezogen auf Segmente)	Markterweiterung (regional, international)
		Diversifikation	
Neue Produkte und Produktsortiments- erweiterung	Leistungs- erweiterung durch marktgerechteres Sortiment	Kombinierte Kunden- und Sortiments- diversifikation	Multiplikation mit Sortiments- anpassung

Hinweis zur Vorgehensweise: Anpassung der Produkt-Markt-Matrix von Ansoff an die besonderen Gegebenheiten im Lebensmittel-Discounthandel
Quelle: Eigene Darstellung in Anlehnung an Ahlert/Kenning (2007), S. 77; Ansoff (1966), S.132; Müller-Hagedorn (2005), S. 43; Welge/Al-Laham (2003), S. 443.

Anl. 10: Alternative Strategien zur Erschließung von Wachstumsquellen im Lebensmittel-Discounthandel

Vor- und Nachteile der Pionier-Strategie

Vorteile	Nachteile
• Aufbau von marktspezifischem Know-how • Erreichung einer starken Marktposition • Aufbau von Markteintrittsbarrieren für Wettbewerber • Erzielung monopolartiger Pionier-Gewinne • Niedrige Wettbewerbsintensität • Frühes Ausnutzen von Erfahrungskurven- u. Skaleneffekte • Bekanntheits- und Imagevorsprung • Maximaler Handlungsspielraum beim Instrumenteneinsatz • Rekrutierung guter Mitarbeiter, die von Wettbewerbern meist nur schwer abzuwerben sind • Bindung wichtiger und attraktiver Kunden • Schneller und billiger Markenaufbau • Knüpfung intensiver Lieferantenbeziehungen • Frühzeitiges Einklinken in lokale Netzwerke • Erlangung der technologischen Führerschaft im Zielmarkt • Setzung von Markt-/Markenstandards • Zugang zu Infrastruktur, knappen Ressourcen und ausgewählten Lagen • Preispolitische Spielräume	• Hohe Kosten der Markterschließung • Hohe Marktunkenntnis über Nachfrageentwicklung • Hohes Risiko von Fehleinschätzungen und -entscheidungen • Free-Rider-Effekte (d.h. später eintretende Folger profitieren von bestimmten Investitionen des Pioniers) • Hohes Risiko des Scheiterns • Höherer F&E-Aufwand

Quelle: Eigene Darstellung in Anlehnung an Kutscher/Schmid (2008), S. 985ff.; Meffert et al. (2008), S. 274 u. 445ff.; Neubert (2008), S. 210; Remmerbach (1988), S. 58ff.; Zentes et al. (2006), S. 117.

Anl. 11: Vor- und Nachteile der Pionier-Strategie

Vor- und Nachteile der frühen Folger-Strategie

Vorteile	Nachteile
• Geringeres Risiko als beim Pionier, da Fehler des Pioniers vermieden werden können • Profitiert von einem stabileren Umfeld • Erhöhte Transparenz über die Marktstrukturen/Bedürfnisse • Marktpositionen sind noch nicht verteilt • Profitiert von einem stärker wachsenden Markt • Übernahme bereits gesetzter Standards möglich • Höheres Problemlösungspotenzial • Erzielung von folgebedingten Kosteneinsparungen und Erlöserhöhungen	• Überwindung der Markteintrittsbarrieren erforderlich, die der Pionier bereits aufgebaut hat • Vertrauen bei potenziellen Kunden und Mitarbeitern muss gewonnen werden • Aufbrechung bestehender Geschäftsbeziehungen erforderlich • Einklinken in Netzwerke, die bereits formiert sind • Erfahrungsvorsprung des Pioniers einholen • Größenvorteile des Pioniers wettmachen

Quelle: Eigene Darstellung in Anlehnung an Kutscher/Schmid (2008), S. 985ff.; Meffert et al. (2008), S. 445ff.; Neubert (2008), S. 210; Remmerbach (1988), S. 60ff.; Zentes et al. (2006), S. 117.

Anl. 12: Vor- und Nachteile der frühen Folger-Strategie

Vor- und Nachteile der späten Folger-Strategie

Vorteile	Nachteile
• Insgesamt geringeres Marktrisiko • Abwarten der weiteren Marktentwicklung möglich • Hohe Lerneffekte von den Fehlern und Erfolgen der Wettbewerber senken Kosten und Risiken • Kostenvorteile durch geringeren F&E- und Markterschließungsaufwand • Geringe Produkt- und Prozessrisiken durch Anlehnung an dominante Gebrauchsstandards u. Fertigungstechnologien • Ausnutzung von Standardisierungspotenzialen • Ausgebildete Mitarbeiter sind in ausreichender Zahl vorhanden, die den eigenen Lernprozess beschleunigen • Kauf eines Wettbewerbers im Zielmarkt möglich	• Imagenachteile gegenüber bereits etablierten Anbietern • Höhere Markteintrittsbarrieren durch bestehendes Marktgefüge • Marktpotenzial ist ggf. bereits verteilt • Kompetenz nicht mehr glaubwürdig vermittelbar • Bedrohte Wettbewerbsposition bei Preissenkung der Konkurrenz • Oft nur noch Kostenführerschaft oder Nischenstrategie möglich • Vergleichweise geringe strategische Flexibilität

Quelle: Eigene Darstellung in Anlehnung an Kutscher/Schmid (2008), S. 985ff.; Meffert et al. (2008), S. 445ff.; Neubert (2008), S. 210; Remmerbach (1988), S. 63ff.; Zentes et al. (2006), S. 117.

Anl. 13: Vor- und Nachteile der späten Folger-Strategie

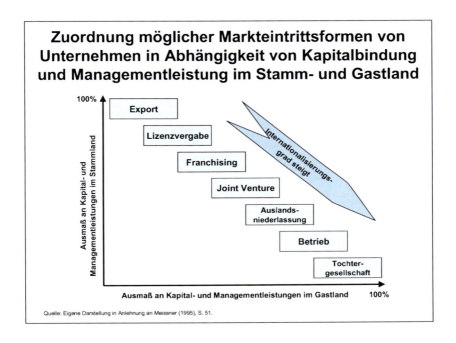

Anl. 14: Zuordnung möglicher Markteintrittsformen von Unternehmen in Abhängigkeit von Kapitalbindung und Managementleistung im Stamm- und Gastland

Vor- und Nachteile der Filialgründung

Vorteile	Nachteile
• Multiplikation einer bewährten Konzeption • Starke Kontrollmöglichkeiten durch zentrale Unternehmensleitung • Erhebliche Synergien im Aufbau des Filialnetzes • Schnelle Expansionsmöglichkeit des Gesamtsystems • Eindeutige strategische Positionierung als Kosten- oder Qualitätsführer bereits vorhanden • Optimierung von Beginn an möglich • Imagevorteile durch einheitliche Vorgehensweise • Einheitliche Qualität • Hohe Kundennähe durch lokale Anpassungen des Betriebskonzeptes oder des Sortimentes • Reduzierung der Transaktionskosten durch eine zentral gesteuerte Verwaltung und Organisation • Bündelung bei der Beschaffung durch zentralen Einkauf • Nutzung kumulativer Effekte durch steigende Anzahl der Filialen und gesammelte Erfahrungen • Durchführung gemeinsamer Aktivitäten mit einheitlicher Infrastruktur • Option einer Pilot-Phase • Unternehmensbewertung steigt durch organisches Wachstum	• Unzureichende Marktkenntnis • Bedarf erheblicher Management- und Finanzressourcen • Geringe Markteintrittsgeschwindigkeit durch sukzessive Standorterweiterung • Notwendigkeit einer exportierbaren Betriebtypenformel, eines profilierten anpassungsfähigen Handelskonzeptes sowie einer entsprechenden anpassbaren Vertriebskonzeption • Handelsunternehmen muss bereits im Heimatmarkt eine klare USP aufgebaut haben • Aufbau von Bekanntheit und Vertrauen • Verständnis gegenüber Konkurrenz und Kunden • Suche nach geeigneten Ladenlokalen • Suche nach geeignetem Personal • Hohe Werbeintensität notwendig

Quelle: Eigene Darstellung in Anlehnung an Bogner/Brunner (2007), S. 138f.; Eikelmann (2006), S. 32f.; KPMG (2004), S. 64; Liebmann/Zentes (2001), S. 226ff. u. 267; Pietersen/Schrahe (2007), S. 241; Zentes/Ferring (1995), S. 419.

Anl. 15: Vor- und Nachteile der Filialgründung

Vor- und Nachteile der Akquisition

	Vorteile	Nachteile
Mergers & Acquisitions (M&A)	• Sichert einen schnellen Markteintritt • Schnelle Steigerung des Unternehmens- und Umsatzwachstums • Stärkung der Marktmacht durch höhere Marktanteile und Marktabdeckung • Zügiger Zugang von Ressourcen mit unmittelbarer Zugriffsmöglichkeit • Kritische lokale Masse wird schnell erreicht • Vorhandenes Ladennetz und Kundenbasis • Geringe Start-up-Kosten • Synergieeffekte • Nutzung des existierenden Managements • Wechselseitiger Informations- und Know-how-Transfer • Diversifikationseffekte • Keine Verschärfung des Verdrängungswettbewerbs auf lokaler Ebene • Fallweise einzige Option	• Suche des Akquisitions- bzw. Übernahmekandidaten mit entsprechender Marktgeltung • Höheres initiales Investment • Integrationsprobleme des Unternehmens, da Änderungen und Anpassungen erforderlich sind • Inkompatibilität von Unternehmensphilosophien und Unternehmenskulturen • Aufbrechen vorhandener Strukturen • Suche von Synergien • Reduzierung von Shareholder-Value
Seed Corn-Akquisition	• Geringes Risiko beim Markteintritt • Geringes Investment • Vorhandene Ressourcen • Sprungbrett	• Suche eines etablierten Unternehmens mit entsprechender Marktstärke • Akquisitionsprämie • Geringe Markteintrittsgeschwindigkeit • Warum kauft der Partner? • Markenintegration

Quelle: Eigene Darstellung in Anlehnung an Bogner/Brunner (2007), S. 134ff.; Eikelmann (2006), S. 33f.; KPMG (2004), S. 64; Liebmann/Zentes (2001), S. 241ff.; Pietersen/Schrahe (2008), S. 240f.; Zentes/Ferring (1995), S. 421ff.

Anl. 16: Vor- und Nachteile der Akquisition

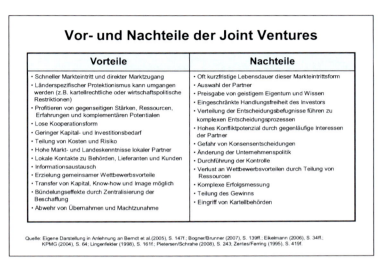

Anl. 17: Vor- und Nachteile der Joint Ventures

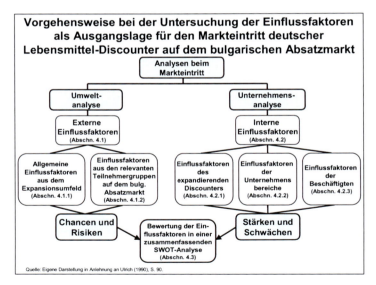

Anl. 18: Vorgehensweise bei der Untersuchung der Einflussfaktoren als Ausgangslage für den Markteintritt deutscher Lebensmittel-Discounter auf dem bulgarischen Absatzmarkt

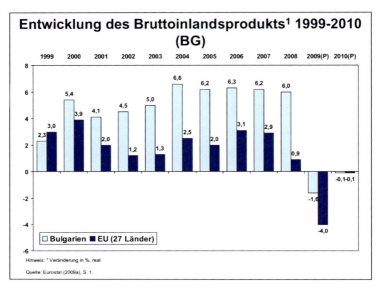

Anl. 19: Entwicklung des Bruttoinlandsprodukts 1999-2010 (BG)

Entwicklung der BIP-Wachstumsrate Bulgariens im EU-Vergleich 1999-2010
Wachstumsrate des BIP-Volumens in Prozent zum Vorjahr

	1999	2000	2001	2002	2003	2004	2005	2006	2007	2008	2009(P)	2010(P)
EU (27 Länder)	3,0	3,9	2,0	1,2	1,3	2,5	2,0	3,1	2,9	0,9	-4,0	-0,1
Bulgarien	2,3	5,4	4,1	4,5	5,0	6,6	6,2	6,3	6,2	6,0	-1,6	-0,1
Belgien	3,4	3,7	0,8	1,5	1,0	3,0	1,8	3,0	2,8	1,1	-3,5	-0,2
Dänemark	2,6	3,5	0,7	0,5	0,4	2,3	2,4	3,3	1,6	-1,1	-3,3	0,3
Deutschland	2,0	3,2	1,2	0,0	-0,2	1,2	0,8	3,0	2,5	1,3	-5,4	0,3
Estland	-0,1	9,6	7,7	7,8	7,1	7,5	9,2	10,4	6,3	-3,6	-10,3	-0,8
Finnland	3,9	5,1	2,7	1,6	1,8	3,7	2,8	4,9	4,2	0,9	-4,7	0,2
Frankreich	3,3	3,9	1,9	1,0	1,1	2,5	1,9	2,2	2,3	0,4	-3,0	-0,2
Griechenland	3,4	4,5	4,2	3,4	5,6	4,9	2,9	4,5	4,0	2,9	-0,9	0,1
Großbritannien	3,5	3,9	2,5	2,1	2,8	2,8	2,1	2,8	3,0	0,7	-3,8	0,1
Irland	10,7	9,2	5,8	6,4	4,5	4,7	6,4	5,7	6,0	-2,3	-9,0	-2,6
Italien	1,5	3,7	1,8	0,5	0,0	1,5	0,7	2,0	1,6	-1,0	-4,4	0,1
Lettland	3,3	6,9	8,0	6,5	7,2	8,7	10,6	12,2	10,0	-4,6	-13,1	-3,2
Litauen	-1,5	4,2	6,7	6,9	10,2	7,4	7,8	7,8	8,9	3,0	-11,0	-4,7
Luxembourg	8,4	8,4	2,5	4,1	1,5	4,5	5,2	6,4	5,2	-0,9	-3,0	0,1
Malta	:	:	-1,6	2,6	-0,3	1,0	4,0	3,3	4,2	2,5	-0,9	0,2
Niederlande	4,7	3,9	1,9	0,1	0,3	2,2	2,0	3,4	3,5	2,1	-3,5	-0,4
Österreich	3,3	3,7	0,5	1,6	0,8	2,5	2,9	3,4	3,1	1,8	-4,0	-0,1
Polen	4,5	4,3	1,2	1,4	3,9	5,3	3,6	6,2	6,6	5,0	-1,4	0,8
Portugal	3,8	3,9	2,0	0,8	-0,8	1,5	0,9	1,4	1,9	0,0	-3,7	-0,8
Rumänien	-1,2	2,1	5,7	5,1	5,2	8,5	4,2	7,9	6,2	7,1	-4,0	0,0
Schweden	4,6	4,4	1,1	2,4	1,9	4,1	3,3	4,2	2,6	-0,2	-4,0	0,8
Slovenien	5,4	4,4	2,8	4,0	2,8	4,3	4,3	5,9	6,8	3,5	-3,4	0,7
Slovakei	0,0	1,4	3,4	4,8	4,7	5,2	6,5	8,5	10,4	6,4 (B)	-2,6	0,7
Spanien	4,7	5,0	3,6	2,7	3,1	3,3	3,6	3,9	3,7	1,2	-3,2	-1,0
Tschechische Republik	1,3	3,6	2,5	1,9	3,6	4,5	6,3	6,8	6,0	3,2	-2,7	-0,3
Ungarn	4,2	5,2	4,1	4,4	4,3	4,7	3,9	4,0	1,2	0,6	-6,3	-0,3
Zypern	4,8	5,0	4,0	2,1	1,9	4,2	3,9	4,1	4,4	3,7	0,3	0,7

:=Nicht ermittelt P=Prognose S=Schätzwert

Quelle: Eurostat (2009a), S. 1.

Anl. 20: Entwicklung der BIP-Wachstumsrate Bulgariens im EU-Vergleich 1999-2010

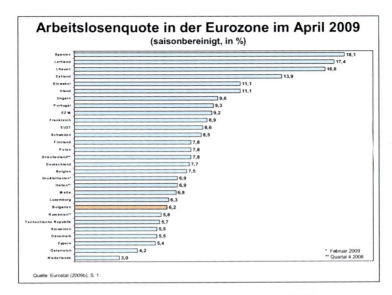

Anl. 21: Arbeitslosenquote in der Eurozone im April 2009

Wichtige makroökonomische Indikatoren Bulgariens 2004-2010

Makroökonomische Indikatoren		2004	2005	2006	2007	2008	2009(P)	2010(P)
Reales BIP-Wachstum	in %	6,6	6,2	6,3	6,2	6,0	-1,6	-0,1
Export als Anteil am BIP	in %	40,2	43,3	47,6	46,8	44,8		
Import als Anteil am BIP	in %	55,1	63,4	69,6	71,8	70,4		
Leistungsbilanz	in % des BIP	-6,6	-12,0	-15,7	-21,6	-25,3		
Staatsverschuldung	in % des BIP	40,1	31,3	24,6	19,8	16,1	12,2	10,7
Inflationsrate (Jahresdurchschnitt)	in %	6,1	6,0	7,4	7,6	12,0	2,6	1,0
Durchschnittlicher Monatslohn ca.	in Euro	150	165	184	220	268		
Arbeitslosenquote	in %	12,2	10,7	9,1	6,9	6,3	7,0	7,6
Ausländische Direktinvestitionen	in % des BIP	13,8	14,4	24,4	29,4	18,1		
Auslandsverschuldung	in % des BIP	63,8	70,9	81,9	100,2	107,7		

P=Prognose
Quelle: BNB (2009), S. 1f.; Eurostat (2009a), S. 1; Projektgruppe Gemeinschaftsdiagnose (2009), S. 33.

Anl. 22: Wichtige makroökonomische Indikatoren Bulgariens 2004-2010

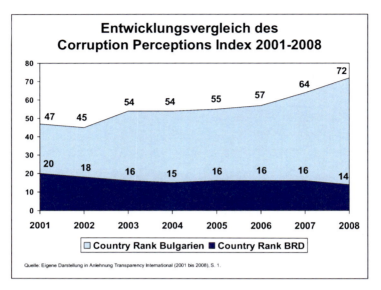

Anl. 23: Entwicklungsvergleich des Corruption Perceptions Index 2001-2008

Anl. 24: Körperschaftssteuersätze 2008 im EU-Vergleich

Gebräuchlichste Gesellschaftsformen in Deutschland und Bulgarien I
Kapitalgesellschaften

	Gesellschaft mit beschränkter Haftung (GmbH)		Aktiengesellschaft (AG)	
	Gesellschaft mit beschränkter Haftung (GmbH)	Дружество с ограничена отгоьорност (Druzhestvo s ogranichena otgovornost) (OOD)	Aktiengesellschaft (AG)	Акционерно дружество (AD) (Akzionemo druzhestvo)
	Deutschland	Bulgarien	Deutschland	Bulgarien
Mindestanzahl Gesellschafter	einer	einer	einer	einer
Mindesthöhe Stammkapital (Euro)	€ 25.000	à € 2.600	€ 50.000	ca. € 26.000
Mindesthöhe eingezahltes Kapital	wenn >1 Gesellschafter: 6.250 Euro	70 % des Kapitals	wenn >1 Gesellschafter: 12.500 Euro	25 % des Kapitals
Aufsichtsgremien	grundsätzlich abhängig von der Anzahl der Arbeitnehmer (ab 500 zwingend vorgeschrieben)	nur wenn ein solches Gremium im Gesellschaftsvertrag vorgeschrieben wurde	Aufsichtsrat, zwingend vorgeschrieben	Einstufensystem: ein solches Gremium wurde gesetzlich nicht geregelt Zweistufensystem: надзорен съвет: Der Aufsichtsrat kann aus drei bis sieben Mitgliedern bestehen und ist verpflichtet, die Tätigkeit des Vorstands zu kontrollieren.
Mindestanzahl Geschäftsführungsorgan	einer (Geschäftsführer)	einer (управител)	einer (Vorstand)	Einstufensystem: съвет на директорите: Der Direktorenrat hat mindestens aus drei und höchstens aus neun Mitgliedern zu bestehen. Zweistufensystem: управителен съвет: Der Vorstand hat mindestens aus drei und höchstens aus neun Mitgliedern zu bestehen.
Eintragung	Handelsregister	Handelsregister (търговски регистър)	Handelsregister	Handelsregister (търговски регистър)
Gründungsunterlagen (öffentlich einsehbar)	Satzung, Gesellschaftsvertrag	Gesellschaftsvertrag (дружествен договор), Gründungsvertrag (учредителен акт)	Satzung, Gesellschaftsvertrag	Satzung (устав)
Wichtige Gesetze	GmbH-Gesetz (1892-2002)	Handelsgesetz (Търговски закон)	GmbH-Gesetz (1892-2002)	Handelsgesetz (Търговски закон)
Besteuerung	25 % Körperschaftssteuer	10 % Körperschaftssteuer	25 % Körperschaftssteuer	10 % Körperschaftssteuer

Quelle: Eigene Darstellung in Anlehnung an DBIHK (2009), S. 1.

Anl. 25: Gebräuchlichste Gesellschaftsformen in Deutschland u. Bulgarien: Kapitalgesellschaften

Gebräuchlichste Gesellschaftsformen in Deutschland und Bulgarien II
Personengesellschaften

	Deutschland	Bulgarien
Arten von Personengesellschaften	BGB-Gesellschaft Offene Handelsgesellschaft (OHG) Kommanditgesellschaft (KG) GmbH & Co. KG	Гражданско дружество Събирателно дружество (СД) Командитно дружество(КД) Командитно дружество с акции (КДА)
Mindestanzahl Gesellschafter und Haftungsumfang	BGB-Gesellschaft und OHG: zwei (unbeschränkte Haftung) KG: einer (unbeschränkte Haftung) und einer (beschränkte Haftung) GmbH & Co. KG: einer (GmbH - unbeschränkte Haftung) und einer (beschränkte Haftung)	Гражданското дружество и СД: zwei (unbeschränkte Haftung) КД: einer (unbeschränkte Haftung) und einer (beschränkte Haftung) КДА: einer (unbeschränkte Haftung) und drei (beschränkte Haftung)
Eintragung	Handelsregister, außer BGB-Gesellschaft	Handelsregister (търговски регистър) außer гражданското дружество
Gründungsunterlagen (öffentlich einsehbar)	Gesellschaftsvertrag, außer BGB-Gesellschaft (Vertrag nicht öffentlich einsehbar)	Vertrag (договор) bei гражданското дружество nicht öffentlich einsehbar
Wichtige Gesetze	BGB (1900-2003); HGB (1897-2002)	Handelsgesetz (Търговски закон); Gesetz für Verpflichtungen und Verträge (Закон за задълженията и договорите)
Besteuerung	Progressive Einkommensteuer für die Gesellschafter	10 % Körperschaftsteuer (die bulgarischen Personengesellschaften, außer гражданското дружество sind juristische Personen; für Besteuerungszwecke unterliegt гражданското дружество den Bestimmungen, die für alle anderen juristischen Personen anwendbar sind).

Quelle: Eigene Darstellung in Anlehnung an DBIHK (2009), S. 1.

Anl. 26: Gebräuchlichste Gesellschaftsformen in Deutschland u. Bulgarien II Personengesellschaften

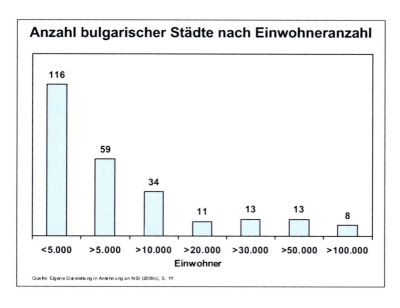

Anl. 27: Anzahl bulgarischer Städte nach Einwohneranzahl

Bevölkerungsentwicklung in Bulgarien 1990-2060

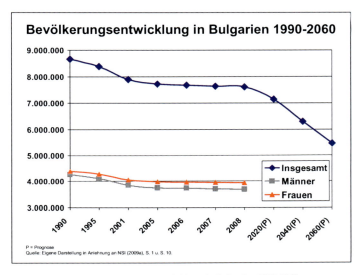

P = Prognose
Quelle: Eigene Darstellung in Anlehnung an NSI (2009a), S. 1 u. S. 10.

Anl. 28: Bevölkerungsentwicklung in Bulgarien 1990-2060

Anl. 29: GfK Kaufkraft Europa 2008/2009

Internationale und interkulturelle Projekte erfolgreich umsetzen

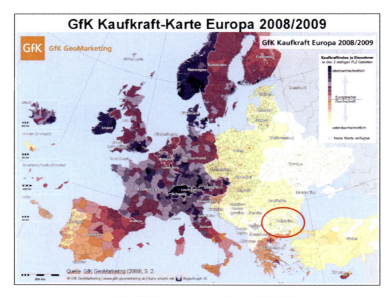

Anl. 30: GfK Kaufkraft-Karte Europa 2008/2009

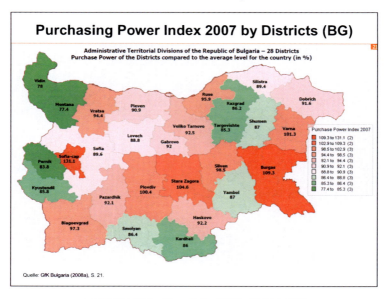

Anl. 31: Purchasing Power Index 2007 by Districts (BG)

Ausgabenstruktur der privaten bulgarischen Haushalte 1999-2008

	Angaben in Prozent									
	1999	2000	2001	2002	2003	2004	2005	2006	2007	2008
Gesamtausgaben	100,0	100,0	100,0	100,0	100,0	100,0	100,0	100,0	100,0	100,0
Private Konsumausgaben	85,5	84,9	86,1	86,6	86,6	85,3	86,3	86,1	85,1	85,2
Lebensmittel und alkoholfreie Getränke	44,0	44,1	44,9	42,5	40,4	39,3	38,6	37,6	37,5	36,6
Alkoholische Getränke und Tabakwaren (Genussmittel)	4,1	3,8	3,7	3,9	4,1	4,2	4,2	4,8	4,6	4,4
Textil und Schuhe	5,2	4,0	3,6	3,6	3,5	3,4	3,4	3,4	3,5	3,5
Wohnung, Wasser, Energie	11,9	12,3	12,1	13,6	14,1	13,8	14,0	14,0	12,5	13,6
Einrichtungsgegenstände u. Instandhaltungen	3,3	2,8	2,9	3,0	3,3	3,2	3,3	3,8	3,8	3,7
Gesundheit	2,9	3,6	3,9	4,1	4,3	4,5	4,7	4,6	4,7	4,8
Verkehr	5,7	5,2	5,3	5,1	5,4	5,3	5,6	5,9	6,7	6,9
Nachrichtenübermittlung	2,1	2,5	3,3	4,2	4,7	4,8	5,1	4,9	4,7	4,5
Freizeit, Unterhaltung, Kultur	3,3	3,2	3,2	3,3	3,5	3,5	3,6	3,5	3,6	3,7
Übrige Verwendungszwecke (sonst. Waren u. DL)	3,0	3,4	3,2	3,3	3,3	3,3	3,8	3,6	3,5	3,7
Steuern	4,3	3,7	3,1	3,0	3,1	3,0	2,8	2,7	2,9	3,2
Landwirtschaft und Garten	3,1	2,9	3,1	3,0	2,6	2,4	2,1	1,9	1,9	1,6
Sonstige Ausgaben	7,1	8,5	7,7	7,4	7,7	9,3	8,8	9,3	10,1	10,0

Quelle: NSI (2009b), S. 5f.

Anl. 32: Ausgabenstruktur der privaten bulgarischen Haushalte 1999-2008

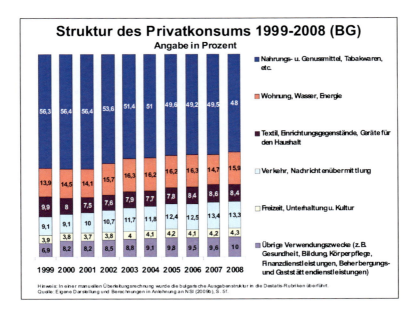

Anl. 33: Struktur des Privatkonsums 1999-2008 (BG)

115

Internationale und interkulturelle Projekte erfolgreich umsetzen

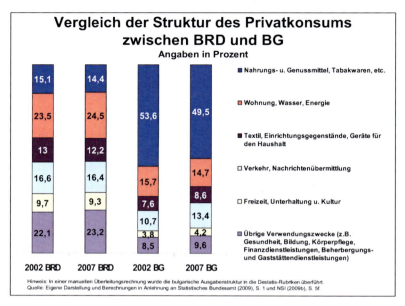

Anl. 34: Vergleich der Struktur des Privatkonsums zwischen BRD und BG

Berechnung des bulgarischen Marktpotenzials für Lebensmittel

	2007		2008	
Anzahl der Einwohner	7.640.238		7.606.551	
Währungseinheit	Lew	Euro	Lew	Euro
Umrechnungskurs	1	0,511292	1	0,511292
Durchschnittliche Ausgaben für Lebensmittel und alkoholfreie Getränke je Einwohner	1.071	548	1.194	610
Ausgabe für Lebensmittel und alkoholfreie Getränke aller Einwohner	8.182.694.898	4.183.746.440	9.082.221.894	4.643.667.397
Durchschnittliche Ausgabe für alkoholische Getränke und Tabakwaren je Einwohner	132	67	142	73
Ausgabe für alkoholische Getränke und Tabakwaren aller Einwohner	1.008.511.416	515.643.819	1.080.130.242	552.261.952
Gesamtmarkt für Nahrungs- u. Genussmittel, Tabakwaren	**9.191.206.314**	**4.699.390.259**	**10.162.352.136**	**5.195.929.348**

Quelle: Eigene Berechnungen auf der Datengrundlage NSI (2009a), S. 1f. und NSI (2009b), S. 1f.

Anl. 35: Berechnung des bulgarischen Marktpotenzials für Lebensmittel

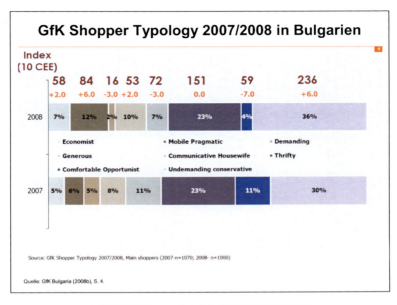

Anl. 36: GfK Shopper Typology 2007/2008 in Bulgarien

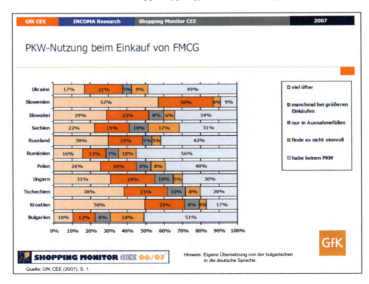

Anl. 37: PKW-Nutzung beim Einkauf von FMCG

Konkurrenzanalyse durch Ermittlung der Stärken und Schwächen des Wettbewerbs in jedem Kernbereich des Geschäfts I

- Produkte
  - Ruf der Produkte (aus Abnehmersicht) in jedem einzelnen Marktsegment
  - Breite und Tiefe des Produktprogramms
- Händler/Vertrieb
  - Abdeckung und Qualität der Vertriebskanäle
  - Stärke der Beziehungen zu den Kanälen
  - Fähigkeit, die Kanäle zu bedienen und zu pflegen
- Marketing und Verkauf
  - Fähigkeiten in jedem Aspekt des Marketing-Mix
  - Fähigkeiten in Marktforschung und Produktentwicklung
  - Ausbildung und Fähigkeiten des Verkaufsstabs
- Verfahren
  - Kostensituation (Betriebsgrößenersparnisse, Erfahrungskurve, Neuheitsgrad der Ausrüstungen usw.)
  - Technologisches Niveau von Anlagen und Ausrüstungen
  - Flexibilität von Anlagen und Ausrüstungen
  - Alleinbesitz von Know-how und exklusive Patent- oder Kostenvorteile
  - Fähigkeiten bei Kapazitätserweiterungen, Qualitätskontrolle, Werkzeugbeschaffung usw.
  - Standort (einschl. Arbeits- und Transportkosten)
  - Geschäfts- und Arbeitsklima; gewerkschaftlicher Organisationsgrad
  - Zugang zu und Kosten von Rohstoffen
  - Grad der vertikalen Integration
- Forschung und Technik
  - Patente und Urheberrechte
  - Fähigkeit zur Selbsterstellung des Forschungs- und Entwicklungsprozesses (Produktforschung, Verfahrensforschung, Grundlagenforschung, Entwicklung Nachahmung usw.)
  - Zugang zu externen Quellen von Forschung und Technik (z.B. Lieferanten, Kunden, Kooperationspartner usw.)

Quelle: Porter (1999), 106f.

Anl. 38: Konkurrenzanalyse durch Ermittlung der Stärken und Schwächen des Wettbewerbs in jedem Kernbereich des Geschäfts I

Konkurrenzanalyse durch Ermittlung der Stärken und Schwächen des Wettbewerbs in jedem Kernbereich des Geschäfts II

- Gesamtkosten
  - Relative Gesamtkostensituation
  - Mit anderen Geschäftseinheiten aufgeteilte Kosten bzw. gemeinsam betriebene Aktivitäten
  - Bereiche, in denen der Wettbewerber Größenvorteile oder andere Faktoren hervorbringt, die für seine Kostenposition entscheidend sind
- Finanzielle Stärke
  - Cash-flow
  - Kurz- und langfristige Kreditlinie (relativer Fremdfinanzierungsanteil)
  - Zusätzliche Eigenkapitalkapazitäten in absehbarer Zukunft
  - Fähigkeiten des Finanzmanagements (z.B. in Bezug auf Verhandlungsführung, Kapitalerhöhung, Kredit, Waren- und Forderungsbestand)
- Organisation
  - Einheitlichkeit von Werten und Klarheit über die Unternehmenszwecke
  - Organisatorische Belastungen aufgrund von jüngst erfolgten neuen Anforderungen
  - Übereinstimmung organisatorischer Strukturen mit der Strategie
- Allgemeine Managementfähigkeit
  - Führungsqualitäten des Managements; seine Fähigkeit, andere zu motivieren
  - Fähigkeit, einzelne Funktionen oder Funktionsgruppen zu koordinieren (z.B. Fertigung mit Forschung)
  - Alter, Ausbildung und funktionale Ausrichtung des Managements
  - Gründlichkeit des Managements
  - Flexibilität und Anpassungsfähigkeit des Managements
- Konzernportfolio
  - Fähigkeit des Konzerns, geplante Änderungen in allen Unternehmensbereichen mit finanziellen und sonstigen Mitteln zu unterstützen
  - Fähigkeit des Konzerns, die Stärken von Geschäftseinheiten zu ergänzen oder zu vertiefen
- Andere
  - Besondere Behandlung durch bzw. Zugang zu Behörden
  - Personalfluktuation

Quelle: Porter (1999), 106f.

Anl. 39: Konkurrenzanalyse durch Ermittlung der Stärken und Schwächen des Wettbewerbs in jedem Kernbereich des Geschäfts II

Nr.	Handelsgruppe/Unternehmen inkl. Herkunft	Eintrittsjahr	Betriebsformat	Umsatz 2007 in Mio. Euro	Gewinn/Verlust 2007 in Mio.Euro	Anzahl Filialen 2009	Unternehmens-Homepage Bulgarien	Ladenöffnungszeiten
1	Metro Cash&Carry (BRD)	1999	Hypermarkt	480	35,2	11	http://www.metro.bg/	Mo-So 06/07-21h
2	Billa (BRD)	2000	Supermarkt	171	6	41	http://www.billa.bg/eurobilla_bg/Default.asp	Mo-Fr 08-22h; So 09-22h
3	Kaufland (BRD)	2006	Hypermarkt	131	-8,9	21	http://www.kaufland.bg/Site/start.htm	Mo-Sa 07/08-22h;So 08-21h
4	Fantastiko (BG)	1991	Supermarkt	102	9,4	31**	http://www.ff-bg.net/	Mo-So 08-22/23/24h*****
5	Piccadilly (BG)	1995	Supermarkt****	85	-0,1	21*	http://www.piccadilly.bg/	Mo-So 08/09/-22****
6	T-Market (Maxima LT)	2005	Supermarkt	48,5	-2,9	31	http://www.maximabulgaria.bg/	k.A.
7	CBA (HU)	2006	Supermarkt	23	0,6	31	http://www.cba.bg/	k.A.
8	HIT Market (BRD)	2004	Hypermarkt	21,6	-0,9	2**	http://www.hit-hypermarket.bg/	Mo-So 08-22h
9	Nova Familia (k.A.)	k.A.	Supermarkt	k.A.	k.A.	14**	http://www.novafamilia.com/	Mo-So 08-22h

* 7davon in Malls, ** auschließlich in Sofia, *** 2 davon come shop, **** 2 Filialen in Varna und 1 Filiale in Sofia haben 24 Stunden offen, ***** 8 Filialen haben 24 Stunden offen, k.A. = keine Angaben

Quellen: Eigene Darstellung in Anlehnung an bfai (2008c), S. 33f.; EHI Retail Institute GmbH (2008), S.130; o.V. (2008d): Supermarkt für Hypermärkte, S. 29; Transformity Brand & Marketing Consulting (2009a), S. 4f. und eigene Recherchen über Internet bzw. den Unternehmens-Homepages.

Anl. 40: Die führenden Lebensmitteleinzelhandelsunternehmen in Bulgarien mit einem Jahresumsatz von über 20 Mio. Euro

Internationale und interkulturelle Projekte erfolgreich umsetzen

Anl. 41: Filialstandorte der führenden Lebensmitteleinzelhandelsunternehmen in Bulgarien

Telefonisches Interview mit
Frau Irena Yankova (GfK Bulgaria)

- Datum/Uhrzeit: 24.07.2009 um 11.30 Uhr
- Frage von Petia Jacobs:
  In den recherchierten Quellen und dem Zahlenmaterial der GfK Bulgaria wird immer wieder vom Betriebsformat Discounter gesprochen. Welche Unternehmen sind damit konkret in Bulgarien gemeint?
- Antwort von Irena Yankova (GfK Bulgaria):
  Wenn in einer Quelle bzw. im Zahlenmaterial der GfK Bulgaria die Rede von Discountern ist, ist damit ausschließlich der Soft-Discounter Kaufland gemeint, der bereits auf dem bulgarischen Absatzmarkt vorhanden ist.
- Kontaktdaten:
  Irena Yankova
  Research Department, Leaflet Monitor Manager
  GfK Bulgaria
  86 Ekzarh Josif Str.
  1527 Sofia, Bulgaria
  tel.: +3592 930 8690
  fax: +3592 930 8686
  e-mail: Irena.Yankova@gfk.com
  www.gfk.bg

Anl. 42: Telefonisches Interview mit Frau Irena Yankova (GfK Bulgaria)

E-Mail-Schriftwechsel mit
Herrn Vladislav Kolev (GfK Bulgaria)

- Email-Schriftwechsel vom 24.07. und 27.07.2009 (siehe rechts in bulgarisch)
- Frage von Petia Jacobs am 24.07.2009: Können Sie mir eine Auskunft darüber geben, welche Handelsketten in Ihren Untersuchungen konkret unter dem Betriebsformat Soft-Discounter und Hard-Discounter gemeint sind?
- Antwort von Vladislav Kolev (GfK Bulgaria) am 27.07.2009:
  Die Untersuchungen umfassen alle Handelsketten, in denen die privaten Haushalte einkaufen. Unter Discounter verstehen wir momentan ausschließlich die Handelskette Kaufland (Soft).
- Kontaktdaten:
  Vladislav Kolev
  Proxy
  Division Manager Consumer Tracking
  GfK Bulgaria
  86 Ekzarh Josif Str.
  1527 Sofia, Bulgaria
  tel.: +3592 930 8670
  fax: +3592 930 8686
  mobile: +359 887 800 778
  e-mail: vladislav.kolev@gfk.com
  www.gfk.bg

Anl. 43: E-Mail-Schriftwechsel mit Herrn Vladislav Kolev (GfK Bulgaria)

Anl. 44: Corner Shops Piccadilly Express der bulgarischen Handelskette Piccadilly

Anl. 45: Corner Shops Piccadilly Express der bulgarischen Handelskette Piccadilly II

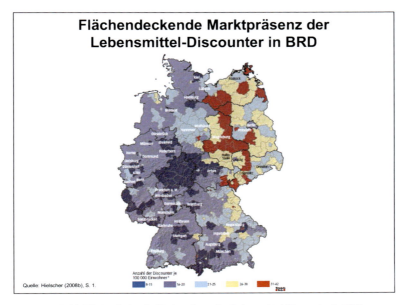

Anl. 46: Flächendeckende Marktpräsenz der Lebensmittel-Discounter in BRD

Anl. 47: Beispiel für dezentrale und regionale Organisationsstruktur von Aldi Süd

Internationale und interkulturelle Projekte erfolgreich umsetzen

Anl. 48: SWOT-Normstrategien als Matrix zur Ableitung von strategischen Stoßrichtungen

Anl. 49: Consumer profile in Europe: Time-use, population aged 20-74 years old

Anl. 50: Ausgewählte bulgarische Lebensmittelspezialitäten I

Anl. 51: Ausgewählte bulgarische Lebensmittelspezialitäten II

Anl. 52: Main Shopping Place for Food Products (BG)

Anl. 53: Bulgarische Städte mit mehr als 20.000 Einwohnern

Anl. 54: Absatzmethode der deutschen Lebensmittel-Discounter

Anl. 55: Lebensmittelpreisvergleich im bulgarischen Absatzmarkt im Juni 2009

Anl. 56: Kostenloses regelmäßiges Gemeindeblatt der Stadt Pirdop

Anl. 57: Consumers´ Attitude to Leaflet Campaigns (BG)

Praxisbeispiel: Werbekampagne zum bulgarischen Markteintritt von Plus

Einsatz von Plakatwerbung an den Hauptverkehrsstraßen

Hauptwerbebotschaft im Text:
Baldige Eröffnung von Geschäften mit kleinen Preisen

Quelle: Eigene Darstellung der Recherche in Bulgarien vom August 2009.

Anl. 58: Praxisbeispiel: Werbekampagne zum bulgarischen Markteintritt von Plus

Literatur- und Quellenverzeichnis

Einzelwerke:

Ahlert, D.;
Kenning, P. (2007) — Handelsmarketing: Grundlagen der marktorientierten Führung von Handelsbetrieben, Berlin, Heidelberg

Anderer, M. (1997) — Internationalisierung im Einzelhandel: Strategien und Steuerungsmodelle, Frankfurt am Main

Ansoff, I. (1966) — Managementstrategie, München

Auerbach, H. (1994) — Internationales Marketing-Controlling, Stuttgart

Baršauskas, P.;
Schafir, S. (2003) — Internationales Management, München

Barth, K.; Hartmann, M.;
Schröder, H.(2007) — Betriebswirtschaftslehre des Handels, 6. Aufl., Wiesbaden

Baum, F. (2002) — Handelsmarketing: Marktforschung im Handel, Marketing-Konzeptionen, Instrumente des Handelsmarketing, Herne, Berlin

Bea, F. X.; Göbel, E. (2006) — Organisation: Theorie und Gestaltung, 3. Aufl., Stuttgart

Becker, J. (2006) — Marketing-Konzeption: Grundlagen des zielstrategischen und operativen Marketing Managements, 8. Aufl., München

Berekoven, L. (1988) — Geschichte des deutschen Einzelhandels, 4. Aufl., Frankfurt am Main

Berekoven, L. (1990) — Erfolgreiches Einzelhandelsmarketing, München

Berndt, R.; Fantapié Altobelli, C.;
Sander, M. (2005) — Internationales Marketing-Management, 3. Aufl., Berlin, Heidelberg, New York

Bickelmann, R. (2001)	Key Account Management: Erfolgsfaktoren für die Kundensteuerung, Wiesbaden
Bogner, T. ; Brunner, N. (2007)	Internationalisierung im deutschen Lebensmittelhandel, Wiesbaden
Büschgen, H. E. (1997)	Internationales Finanzmanagement, 3. Aufl., Frankfurt am Main
Dieckheuer, G. (2001)	Internationale Wirtschaftsbeziehungen, 5. Aufl., München
Diederich, H. (1992)	Allgemeine Betriebswirtschaftslehre, 7. Aufl., Stuttgart
Eggert, U. (1998)	Der Handel im 21. Jahrhundert, Düsseldorf, Regensburg
Eikelmann, K. (2006)	Internationale Markteintrittstrategien im Handel: Misserfolgreiche Performance auf fremden Märkten, Saarbrücken
Ernst, D. (1999)	Internationalisierung kleiner und mittlerer Unternehmen, Wiesbaden
Genov, J. (2004)	Warum sind wir so wenig erfolgreich? [Защо толкова малко успяваме?], 2. Aufl., Sofia
George, G. (1997)	Internationalisierung im Einzelhandel: Strategische Optionen und Erzielung von Wettbewerbsvorteilen, Berlin
Gieskes, H. (1973)	Diversifikation und Unternehmensmacht, Marburg
Gleißner, H.; Femerling, J. C. (2008)	Logistik: Grundlagen – Übungen – Fallbeispiele, Wiesbaden
Glaum, M. (1996)	Internationalisierung und Unternehmenserfolg, Wiesbaden
Herold, B. (1992)	Internationale Wachstumsstrategien: Anforderungen und Optionen für den Einzelhandel, Wiesbaden

Hintermeier, H. (1998)	Die Aldi-Welt: Nachforschungen im Reich der Discount-Milliardäre, München
Hofstede, G. (2006)	Lokales Denken, globales Handeln: Interkulturelle Zusammenarbeit und globales Management, 3. Aufl., München
Horváth & Partners (2007)	Balanced Scorecard umsetzen, 4. Aufl., Stuttgart
Jobber, D. (2004)	Principles and practice of marketing, 4. Aufl., London
Jünger, M. (2008)	Internes Unternehmenswachstum: Analyse von Wachstumstreibern und empirische Evaluation in mittelständischen Unternehmen, München
Kehrt, K.; Pütmann, R. (2005)	Die besten Strategietools in der Praxis, München, Wien
Kohler, H. (2005)	Internationales Marketing für Ingenieure, München
Kutschker, M.; Schmid, S. (2008)	Internationales Management, 6. Aufl., München
Lerchenmüller, M. (2003)	Handelsbetriebslehre, 4. Aufl., Ludwigshafen
Liebmann, H.-P.; Zentes, J. (2001)	Handelsmanagement, München
Meffert, H. (2000)	Marketing: Grundlagen marktorientierter Unternehmensführung, 9. Aufl., Wiesbaden
Meffert, H.; Bolz, J. (1998)	Internationales Marketing-Management, 3. Aufl., Stuttgart
Meffert, H.; Burmann, C.; Kirchgeorg, M. (2008)	Marketing: Grundlagen marktorientierter Unternehmensführung, 10. Aufl., Wiesbaden
Meissner, H. G. (1995)	Strategisches Internationales Marketing, 2. Aufl., München

Mueller-Hagedorn, L. (2005)	Handelsmarketing, 4. Aufl., Stuttgart
Müller-Stewens, G.; Lechner, C. (2005)	Strategisches Management, 3. Aufl., Stuttgart
Nagel, R.; Wimmer, R. (2004)	Systemische Strategieentwicklung: Modelle und Instrumente für Berater und Entscheider, 2. Aufl., Stuttgart
Neubert, M. (2008)	Internationale Markterschliessung: Vier Schritte zum Aufbau neuer Auslandsmärkte, 2. Aufl., München
Nicolai, C. (2006)	Personalmanagement, Stuttgart
Olbrich, R. (1998)	Unternehmenswachstum, Verdrängung und Konzentration im Konsumgüterhandel, Stuttgart
Porter, M. E. (1999)	Wettbewerbsstrategien: Methoden zur Analyse von Branchen und Konkurrenten, 10. Aufl., Frankfurt am Main, New York
Pues, C. (1994)	Markterschliessungsstrategien bundesdeutscher Unternehmen in Osteuropa, Wien
Quack, H. (1995)	Internationales Marketing, München
Ramme, I. (2004)	Marketing: Einführung mit Fallbeispielen, Aufgaben und Lösungen, 2. Aufl., Stuttgart
Remmerbach, K.-U. (1988)	Markteintrittsentscheidungen: Eine Untersuchung im Rahmen der strategischen Marketingplanung unter besondere Berücksichtigung des Zeitaspektes, Wiesbaden
Rudolph, T.; Loock, M.; Kleinschrodt, A. (2008)	Strategisches Handelsmanagement: Grundlagen für den Erfolg auf internationalen Handelsmärkten, Aachen
Seyffert, R. (1972)	Wirtschaftslehre des Handels, 5. Aufl., Opladen
Skaupy, W. (1995)	Franchising: Handbuch für die Betriebs- und Rechtspraxis, 2. Aufl., München

Ulrich, H. (1990)	Unternehmungspolitik, 3. Aufl., Bern, Stuttgart
Tietz, B. (1993)	Der Handelsbetrieb: Grundlagen der Unternehmenspolitik, 2. Aufl., München
Trompenaars, F. (1993)	Handbuch globales Managen: Wie man kulturelle Unterschiede im Geschäftsleben versteht, Düsseldorf, Wien, New York, Moskau
Venzin, M.; Rasner, C.; Mahnke, V. (2003)	Der Strategieprozess: Praxishandbuch zur Umsetzung im Unternehmen, Frankfurt am Main
Welge, M. K.; Al-Laham, A. (2003)	Strategisches Management: Grundlagen – Prozess – Implementierung, 4. Aufl., Wiesbaden
Wesnitzer, M. (1993)	Markteintrittsstrategien in Osteuropa: Konzepte für die Konsumgüterindustrie, Wiesbaden
Wöhe, G. (2005)	Einführung in die Allgemeine Betriebswirtschaftslehre, 22. Aufl., München
Zentes, J.; Anderer, M. (1993)	Handelsperspektiven bis zum Jahre 2000 : Studie über Entwicklungsperspektiven im Einzelhandel, Saarbrücken
Zentes, J.; Swoboda, B.; Schramm-Klein, H. (2006)	Internationales Marketing, München
Zschiedrich, H. (2006)	Ausländische Direktinvestitionen und regionale Industriecluster in Mittel- und Osteuropa, München, Mering

Beiträge aus Sammelwerken:

Blümle, E. B.; Halm, R. (1994)	Internationalisierung schweizerischer Einzelhandelsunternehmen (EHU), in: Trommsdorff, V.(Hrsg.), *Handelsforschung 1994/95: Kooperation im Handel und mit dem Handel*, Wiesbaden, S. 203 – 222

Brandes, D. (2003) — Was weg ist, muss hin: Im Discount hat Einfachheit Vorrang, in: Merkel, H.; Bjelicic, B. (Hrsg.), *Logistik und Verkehrswirtschaft im Wandel: Unternehmensübergreifende Versorgungsnetzwerke verändern die Wirtschaft*, München, S. 199 – 204

Bruhn, M. (2002) — Internationales Marketing von Dienstleistungen, in: Krystek, U.; Zur, E. (Hrsg.), *Handbuch: Internationalisierung - Globalisierung eine Herausforderung für die Unternehmensführung*, 2. Aufl., Berlin, Heidelberg, S. 407 – 436

Bruhn, M. (2005) — Netzwerke als Instrument der Internationalisierung von Dienstleistungsunternehmen, in: Ahlert, D.; Olbrich, R.; Schröder, H. (Hrsg.), *Netzwerke in Vertrieb und Handel. Jahrbuch Vertriebs- und Handelsmanagement 2005*, Frankfurt am Main, S. 293 – 318

Chavdarova, T. (2004) — Geschäfte tätigen in Bulgarien [Да правиш бизнес в България], in: *Sociological Problems*, 1 - 2, Sofia, S. 120 – 146

Diller, H. (1999) — Discounting: Erfolgsgeschichte oder Irrweg? in: Beisheim, O. (Hrsg.) *Distribution im Aufbruch: Bestandsaufnahme und Perspektiven*, München, S. 351 – 372

Greipl, E. (2000) — Internationalisierung der METRO AG, in: von der Oelsnitz, D. (Hrsg.), *Markteintritts-Management: Probleme, Strategien, Erfahrungen*, Stuttgart, S. 309 – 322

Hermanns, A. (1995) — Aufgaben des internationalen Marketing-Management, in: Hermanns, A.; Wißmeier, U.K., *Internationales Marketing-Management: Grundlagen, Strategien, Instrumente, Kontrolle und Organisation*, München, S. 23 – 68

Homburg, C.; Jensen, O. (2007) — Internationale marktorientierte Führung, in: Backhaus, K.; Bruhn, M.; Meffert, H. (Hrsg.), *Marktorientierte Führung im wirtschaftlichen und gesellschaftlichen Wandel*, Wiesbaden, S. 63 – 81

Hoppe, K.-H.;
Rickes, M. (2000) — Management von Markteintrittsbarrieren durch kleine und mittlere Unternehmen, in: von der Oelsnitz, D. (Hrsg.), *Markteintritts-Management: Probleme, Strategien, Erfahrungen*, Stuttgart, S. 181 – 201

Lingenfelder, M. (1998) — Internationalisierungsstrategien von Handelsunternehmen, in: Zentes, J.; Swoboda, B. (Hrsg.) *Globales Handelsmanagement: Voraussetzungen – Strategien - Beispiele*, Frankfurt am Main, S. 145 – 178

Lingenfelder, M. (2006) — Internationalisierung als Wachstumsstrategie – Potentiale und Strategien, in: Zentes, J. (Hrsg.), *Handbuch Handel: Strategien - Perspektiven - Internationaler Wettbewerb*, Wiesbaden, S. 321 – 337

Lorenz, D.;
Schmeisser, W. (2004) — Arbeitsvertragliche Aspekte beim befristeten Auslandseinsatz von Fach- und Führungskräften, in: Zschiedrich, H.; Schmeisser, W.; Hummel, T. (Hrsg.), *Internationales Management in den Märkten Mittel- und Osteuropas*, München, S. 159 – 188

Meffert, H. (1992) — Internationales Marketing, in: *Gabler-Wirtschafts-Lexikon*, 13. Aufl., Wiesbaden, S. 1686 – 1694

Meffert, H.;
Remmerbach, K.-U. (1999) — Marketingstrategien in jungen Märkten, in: Meffert, H. (Hrsg.) *Marktorientierte Unternehmensführung im Wandel*, Wiesbaden, S. 175 – 201

Morschett, D. (2006) — Retail-Branding - Strategischer Rahmen für das Handelsmarketing, in: Zentes, J. (Hrsg.), *Handbuch Handel: Strategien - Perspektiven - Internationaler Wettbewerb*, Wiesbaden, S. 525 – 546

Otte, T. (2004) — Personalwirtschaftliche Rahmenbedingungen und Strategien bei der Marktbearbeitung in Transformationsländern am Beispiel Polens, in: Zschiedrich, H.; Schmeisser, W.; Hummel, T. (Hrsg.), *Internationales Management in den Märkten Mittel- und Osteuropas*, München, S. 45 – 61

Pietersen, F.;
Schrahe, C. (2008)   Kritische Erfolgsfaktoren im Rahmen der Internationalisierung am Beispiel des Betriebstyps Hypermarkt,
in: Riekhof, H.-C. (Hrsg.) *Retail Business in Deutschland: Perspektiven, Strategien, Erfolgsmuster*, 2. Aufl., Wiesbaden, S. 223 – 250

Piontek, J. (2003)   Beschaffungsmarketing-Controlling,
in: Pepels, W. (Hrsg.), *Marketing-Controlling-Kompetenz*, Berlin, S. 203 – 222

Rudolph, T.;
Schweizer, M. (2006)   Fortschreibung des Siegeszuges «Hard Discount» in der Schweiz?
in: Rudolph, T.; Schweizer, M. (Hrsg.), *Das Discount-Phänomen: Eine 360-Grad-Betrachtung*, Zürich, S. 11 – 32

Sebastian, K.-H.;
Maessen, A. (2003)   Optionen im strategischen Preismanagement,
in: Diller, H.; Herrmann, A. (Hrsg.), *Handbuch Preispolitik. Strategien – Planung – Organisation – Umsetzung*, Wiesbaden, S. 49 – 68

Silgidžjan, C.; Karabeljova, S.;
Gerganov, E. (2002)   Kulturelle Identität und Wertewahl im Kontext des alltäglichen Verhaltens [Културна идентичност и ценностни избори в контекста на всекидневното поведение],
in: *Psychologie: Jahressammlung der Sofioter Universität „Sv. Kliment Ohridski"*, Philosophische Fakultät, Ausgabe 94-95, Sofia, S. 5 – 51

Simon, H.; Wiese, C. (1995)   Internationale Preispolitik,
in: Hermanns, A. ; Wissmeier, U. K., *Internationales Marketing-Management: Grundlagen, Strategien, Instrumente, Kontrolle und Organisation*, München, S. 225 – 255

Stein, I. (1998)   Die Theorie der Multinationalen Unternehmung,
in: Schoppe, S. (Hrsg.), *Kompendium der Internationalen Betriebswirtschaftslehre*, 4. Aufl., München, S. 35 – 153

Twardawa, W. (2006)   Die Rolle der Discounter im deutschen LEH – Marken und Handelsmarken im Wettbewerb der Vertriebskanäle für Konsumgüter,
in: Zentes, J. (Hrsg.), *Handbuch Handel: Strategien - Perspektiven - Internationaler Wettbewerb*, Wiesbaden, S. 377 – 393

Weinberg, P.;
Purper, G. (2004)   Die Merkmale der Betriebsformen des Einzelhandels aus Sicht der Konsumenten,
in: Trommsdorff, V. (Hrsg.), *Handelsforschung 2004: Neue Erkenntnisse für Praxis und Wissenschaft des Handels*, Köln, S. 43 – 63

Zentes, J.; Ferring, N. (1995)   Internationales Handelsmarketing,
in: Hermanns, A.; Wissmeier, U.K., *Internationales Marketing-Management: Grundlagen, Strategien, Instrumente, Kontrolle und Organisation*, München, S. 410 – 436

Beiträge aus Zeitschriften und Zeitungen:

Amann, S.; Grill, M. (2009)   „Befruchtung nicht funktioniert",
in: Der Spiegel, 15/2009, S. 78 – 81

Brodersen, T. (2007)   Wer nicht kooperiert, verliert,
in: Frankfurter Allgemeine Zeitung/Media Planet, *Franchising,* Oktober 2007, Berlin, S. 2

Brodersen, T. (2008)   Qualität und Ethik im Franchising,
in: Frankfurter Allgemeine Zeitung/Media Planet, *Franchising,* November 2008, Berlin, S. 2

Brüggmann, M. (2009)   Das Wachstumsmodell stößt an seine Grenzen,
in: Handelsblatt, Nr. 82, 29. April 2009, S. 6

Deyhle, A. (1988)   Marketing-Controlling,
in: Controller Magazin, 13. Jg., Nr. 1, Januar 1988, S. 15 – 20

Dimov, C. (2009) Die Preise fallen weiter,
in: Regal, Nr. 6, Juli 2009, S.10,
http://www.regal.bg/getatt.php?filename=o_
767026.pdf, Abruf am 26.08.09

Draganova, C. (2009) Besonderheiten eines Arbeitsvertrags in Bulgarien - IV,
in: Bulgarisches Wirtschaftsblatt, 17. Jg., Nr. 5, Mai 2009, S. 36

Durankev, B. (2004) Die bulgarische Firmenkultur vor dem Hintergrund der Kultur in den entwickelten Ländern [Българската фирмена култура на фона на културата в развитите страни],
in: Marketing & Management, 1, S. 22 – 40

Engel, R. (2008) Eifrige Sparer am Balkan,
in: Ost-West-Contact Bulgarien Spezial, 54. Jg., Dezember 2008, S. 46 – 47

Ganev, P. (2009) Ein Jahr Einheitssteuer,
in: Bulgarisches Wirtschaftsblatt, 17. Jg., Nr. 2, Februar 2009, S. 10

Garber, T.;
Gerling, M. (2009) Deutsche Handelsformate sind ein Exportschlager,
in: Absatzwirtschaft, 3/2009, S. 11

Gauss, G. (2008) Mit begrenztem Risiko erfolgreich als Händler,
in: Frankfurter Allgemeine Zeitung/Media Planet, *Franchising,* November 2008, Berlin, S. 12

Heß, D. (2009) Einzelhändler sorgen sich um ihre Zukunft,
in: Handelsblatt, Nr. 24, 04. Februar 2009, S. 4

Hielscher, H. (2008a) Neue Märkte im Osten,
in: Wirtschaftswoche, Nr. 19, 05.05.2008, S. 16

Ludowig, K. (2009) Auf die billige Tour,
in: Junge Karriere, Juni 2009, S. 36 – 39

Markova, Z. (2008)	Lebensmittelketten [Хранителна вериги], in: Kapital, Nr. 36, 05. September 2008, S. 1 – 4, http://www.capital.bg/printversion.php?storyid=546444, Abruf am 29.07.09
Mellewigt, T.; Schmidt, F.; Weller, I. (2006)	Stuck in the Middle, in: Ehrmann, T.; Witt, P. (Hrsg.), *Zeitschrift für Betriebswirtschaft, Entrepreneurship,* Special issue 4/2006, Wiesbaden, S. 93 – 116
Mende, J. (2009)	Günstige Zeiten, in: Lebensmittel Zeitung, Nr. 17, 24. April 2009, S. 27
Menzel, S. (2009)	Bulgarien lebt von den Reserven, in: Handelsblatt, Nr. 70, 9. bis 13. April 2009, S. 6
Murphy, M.; Stratmann, K. (2009)	Regierung drückt den Strompreis, in: Handelsblatt, Nr. 91, 13. Mai 2009, S. 3
o.V. (2008a)	Netto nutzt ab Juni Marktkauf Logistik, in: Lebensmittel Zeitung, Nr. 13, 28. März 2008, S. 49
o.V. (2008b)	Gute Qualität ist stets gefragt, in: Bulgarisches Wirtschaftsblatt, 16. Jg., Nr. 6, Juni 2008, S. 13
o.V. (2008c)	Weg frei für Plus-Übernahme, in: Manager Magazin, 01. Juli 2008, S. 1 – 2, http://www.managermagazin.de/unternehmen/artikel/0,2828,563136,00.html, Abruf am 08.06.09
o.V. (2008d)	Supermarkt für Hypermärkte, in: Bulgarisches Wirtschaftsblatt, 16. Jg., Nr. 10, Oktober 2008, S. 28 – 29
o.V. (2008e)	Bulgariens Wirtschaft bleibt auf Wachstumskurs, in: Handelsblatt/Update Communications (Bulgarien), Nr. 241, 11. Dezember 2008, S. 4

o.V. (2009a) Finanzierung von Autobahn Trakija aus dem OP „Verkehr" möglich,
in: Bulgarisches Wirtschaftsblatt, 17. Jg., Nr. 3, März 2009, S. 13

o.V. (2009b) Fehlstart für Aldi und Lidl,
in: Lebensmittel Zeitung, Nr. 14, 3. April 2009, S. 1 u. 3

o.V. (2009c) Händler bewegen die Werbeszene,
in: Lebensmittel Zeitung, Nr. 15, 9. April 2009, S. 40

o.V. (2009d) Penny investiert in Bulgarien,
in: Lebensmittel Zeitung, Nr. 16, 17. April 2009, S. 4

o.V. (2009e) Eurozone-Beitritt kommt wieder in Frage,
in: Bulgarisches Wirtschaftsblatt, 17. Jg., Nr. 4, April 2009, S. 11

o.V. (2009f) Currency Board,
in: Bulgarisches Wirtschaftsblatt, 17. Jg., Nr. 4, April 2009, S. 1-2

o.V. (2009g) Krise treibt externe Defizite nach unten,
in: Bulgarisches Wirtschaftsblatt, 17. Jg., Nr. 4, April 2009, S. 10

o.V. (2009h) Autobahn „Struma" bleibt auf der Tagesordnung,
in: Bulgarisches Wirtschaftsblatt, 17. Jg., Nr. 5, Mai 2009, S. 19

o.V. (2009i) Fitch bestätigt Bonitätseinstufung,
in: Bulgarisches Wirtschaftsblatt, 17. Jg. Nr. 6, Juni 2009, S. 8

o.V. (2009j) Die Heiligen Brüder Kyrill und Method und die europäische Zivilisation,
in: Bulgarisches Wirtschaftsblatt, 17. Jg., Nr. 6, Juni 2009, S. 30

o.V. (2009k) ISPA-Mittel für Lyulin endlich freigesetzt,
in: Bulgarisches Wirtschaftsblatt, 17. Jg., Nr. 6, Juni 2009, S. 13

o.V. (2009l)	Lidl erweitert Lagernetz, in: Lebensmittel Zeitung, Nr. 27, 3. Juli 2009, S. 35
o.V. (2009m)	Parlamentswahl, in: ZEIT ONLINE, 5. Juli 2009, S. 1 – 2, http://pdf.zeit.de/online/2009/28/bulgarien-wahl-regierungswechsel.pdf, Abruf am 29.08.09
o.V. (2009n)	Kaufland wird mit EBWE-Finanzierung Geschäfte in Bulgarien und Rumänien bauen, in: Bulgarisches Wirtschaftsblatt, 17. Jg., Nr. 8, August 2009, S. 32
o.V. (2009o)	Mieten für Geschäfte um 25 Prozent niedriger, in: Bulgarisches Wirtschaftsblatt, 17. Jg., Nr. 8, August 2009, S. 29
Radichev, H. (2006)	In Bulgarien wird vor allem oft und in kleinen Mengen gekauft [В България се купува предимно често и по малко], in: Kapital, Nr. 34, 25. August 2006, S. 1 – 2, http://www.capital.bg/printversion.php?storyid=279153, Abruf am 29.07.09
Robinson, W.T.; Fornell, C. (1985)	Sources of Market Pioneer Advantages in Consumer Goods Industries, in: Journal of Marketing Research, Vol. 22, No. 3, S. 305 – 317
Schlautmann, C. (2008)	Lebensmitteldiscounter stehen in Deutschland am Scheideweg, in Handelsblatt, Nr. 127, 3. Juli 2008, S. 12
Schlautmann, C. (2009)	Discounter kassieren am schnellsten, in Handelsblatt, Nr. 75, 20. April 2009, S. 12
Schlitt, P.; Klusmann, S. (2003)	Angriff des Super-Krämers: Lidl, in: Manager Magazin, September 2003, S. 38 – 47, http://www.manager-magazin.de/magazin/artikel/0,2828,262131-2,00.html, Abruf am 08.06.09

Wortmann, M. (2004)   Aldi and the German model: structural change in German grocery retailing and the success of grocery discounters, in: *Company and Change*, Vol. 8, Nr. 4, Berlin, S. 425 – 441

Statistische Quellen:

bfai (2007)   Kaufkraft, Konsumverhalten, Kundenerwartungen

bfai (2008a)   Wirtschaftstrends kompakt – Bulgarien Jahresmitte 2008

bfai (2008b)   Wirtschaftsdaten kompakt – Bulgarien, November 2008

Bulgarische Nationalbank (BNB) (2009)   Macroeconomic Indicators, http://www.bnb.bg/bnb/home.nsf/fsWebIndex? OpenFrameset, Abruf am 23.06.09

EHI Retail Institute GmbH (2008)   Handel aktuell: Struktur, Kennzahlen und Profile des internationalen Handels, Ausgabe 2008/2009, Köln

Eurostat (2008)   FuE-Ausgaben der EU27 im Jahr 2006 unverändert bei 1,84% des BIP, http://www.eds-destatis.de/de/press/download/08_03/034-2008-03-10.pdf, Abruf am 29.07.09

Eurostat (2009a)   Real GDP growth rate, http://epp.eurostat.ec.europa.eu/tgm/table.do?tab=table&init=1&plugin=1&language=en&pcode=tsieb020, Abruf am 22.06.09

Eurostat (2009b)   Arbeitslosenquote der Eurozone auf 9,2% gestiegen, Pressemitteilung 79/2009, 2. Juni 2009, http://194.95.119.6/de/press/download/09_06/079-2009-06-02.pdf, Abruf am 26.06.09

Eurostat (2009c)   Demographic Outlook, http://www.eds-destatis.de/downloads/publ/KS-RA-08-013-EN-N.pdf, Abruf am 01.07.09

Eurostat (2009d)	Consumers in Europe, European Communities, Statistical books
Germany Trade and Invest (2009a)	Recht kompakt: Bulgarien, Informationen zum Wirtschaftsrecht in Bulgarien, Januar 2009
Germany Trade and Invest (2009b)	Wirtschaftstrends kompakt – Bulgarien, Jahresmitte 2009
Germany Trade and Invest (2009c)	Deutsche Discounter erobern Bulgarien, 26.05.2009
Nationales Statistisches Institut (NSI) (2009a)	Bevölkerung und demografische Entwicklung im Jahr 2008, [Население и демографски процеси през 2008 година], http://www.nsi.bg/Population/Population08.htm, Abruf am 01.07.09
Nationales Statistisches Institut (NSI) (2009b)	Budget der Privathaushalte in der Periode von 1999 bis 2008, [Бюджети на домакинствата през периода 1999 – 2008 година] http://www.nsi.bg/BudgetHome/BudgetHome08.htm, Abruf am 01.07.09
Nationales Statistisches Institut (NSI) (2009c)	Bevölkerung zum 31.12 nach Städten und Geschlecht, [Население към 31.12. по градове и пол], http://www.nsi.bg/Population/T5_2008.htm, Abruf am 21.07.09
Nationales Statistisches Institut (NSI) (2009d)	Fernsehaktivitäten [Телевизионна програмна дейност], http://www.nsi.bg/SocialActivities/TV08.htm, Abruf am 27.07.09
Nationales Statistisches Institut (NSI) (2009e)	Rundfunkaktivitäten [Радиопрограмна дейност], http://www.nsi.bg/SocialActivities/Radio08.htm, Abruf am 30.08.09

Nationales Statistisches Institut (NSI) (2009f)	Publizistische Aktivitäten im Jahr 2008, [Издателска дейност през 2008 година], http://www.nsi.bg/SocialActivities/IzdDejnost2008.htm, Abruf am 27.07.09
Nationales Statistisches Institut (NSI) (2009g)	Hauptergebnisse aus der Untersuchung über die Nutzung von Informations- und Kommunikationstechnologien (IKT) und E-Commerce in Unternehmen und von den Haushalten im Jahr 2008, [Основни резултати от изследванията за използването на информационно-комуникационните технологии (ИКТ) и е-търговия в предприятията и домакинствата проведени през 2008 година], http://www.nsi.bg/IKT/ICT2008.pdf, Abruf am 31.08.09
Statistisches Bundesamt (2009)	Genesis-Online Datenbank des Statistischen Bundesamtes, Tabellenaufbau, Code 81000-0120, VGR des Bundes – Konsumausgaben der Privaten Haushalte (nominal/preisbereinigt): Deutschland, Jahre, Verwendungszwecke, https://www-genesis.destatis.de/genesis/online/online;jsessionid=CAC80620289966DE041BF6DDEF5AF7EF.tcggen1?operation=abruftabellenVerzeichnis, Abruf am 20.06.09

Informationen aus sonstigen Materialien:

Accenture/GfK (2008)	Discounter am Scheideweg, http://www.accenture.com/NR/rdonlyres/E2875007-F6AD-4F93-AFDF-F36A1211029A/0/Discounterstudie.pdf, Abruf 30.05.09
A.T. Kerney (2008)	Die aufstrebenden Retail-Märkte im Osten, http://www.atkearney.de/content/misc/wrapper.php/id/50240/area/retail/name/pdf_atkearney_retailmaerkte_im_osten_2008_1214471958, Abruf 18.04.09

A.T. Kerney (2009)	Discounter als Vorbild? Lernen von Aldi & Co, http://www.atkearney.at/content/misc/wrapper.php/id/50 139/area/retail/name/pdf_pdf_atkearney_eb_discounter_ vorbild_12399588955772_1239982322b1a8.pdf, Abruf am 30.06.09
Ausschuss für Definitionen zu Handel und Distribution (2006)	Katalog E, Definitionen zu Handel und Distribution, Institut für Handelsforschung an der Universität zu Köln, 5. Aufl., Köln
Auswärtiges Amt (2009)	Länderinformationen, Bulgarien, http://www.auswaertiges-amt.de/diplo/de/Laenderinformationen/01-Laender/Bulgarien.html, Abruf am 25.06.09
Below, A. von; Wankow, B. (2009)	Überzeugender Wahlsieg von GERB bei den Parlamentswahlen in Bulgarien, in: Länderbericht, Konrad Adenauer Stiftung, 6. Juli 2009, S. 1 – 3, http://www.kas.de/wf/doc/kas_17024-544-1-30.pdf, Abruf am 29.08.09
bfai (2008c)	Wirtschaftsführer Bulgarien, Sofia
Bundeskartellamt (2008)	Beschluss Nr. B2-333/07 im Verwaltungsverfahren wegen Prüfung eines Zusammenschlussvorhabens vom 30.06.2008, http://www.bundeskartellamt.de/wDeutsch/ download/pdf/Fusion/Fusion08/B2-333-07_Internet.pdf, Abruf am 02.06.09
DBIHK (2006)	Monatliche Mitteilungen, Juni 2006, http://www.ihk-niederrhein.de/downloads /Bulgarien_AHK-Newsletter_2006-06.pdf, Abruf am 01.05.09
DBIHK (2009)	Gebräuchlichste Gesellschaftsformen in Deutschland und Bulgarien, http://bulgarien.ahk.de/dienstleistungen/rechtundsteuern/ gesellschaftsformen/, Abruf am 30.04.09

DIHK (2006)	Bulgarien Daten und Fakten, Berlin
F.A.Z.- Institut; Rödl & Partner (2007)	Investitionsführer Bulgarien 2007, Frankfurt am Main
GfK Bulgaria (2006)	Käufertypologie in zehn mittel- und osteuropäischen Staaten, Sofia
GfK Bulgaria (2008a)	Between "Thrifty" & "Demanding", Bulgarian Shoppers´s Trends, http://www.regal.bg/getatt.php?filename=o_581639.ppt, Abruf am 11.05.09
GfK Bulgaria (2008b)	Shopping Monitor 2008, Sofia
GfK Bulgaria (2008c)	Einzelhandel 2007, Sofia
GfK CEE (2007)	Shopping Monitor CEE 06/07
GfK GeoMarketing (2009)	GfK Kaufkraft Europa 2008/2009, www.gfk-geomarketing.de/kaufkraft_europa2008.zip, Abruf am 30.05.09
HDE (2009)	Zahlenspiegel 2009, Berlin
HDE Trade Services GmbH (2009)	Über den IFS, Mission Statement, http://www.ifs-online.eu/index.php?SID=e383a655addf819d80320a03dd1093ef&page=home&content=public_content&desc=mission_statement, Abruf am 06.09.09
InvestBulgaria Agency (IBA) (2008)	Rechtlicher Leitfaden 2008 http://investbg.government.bg/upfs/45/Legal%20Guide_2008_DE.pdf, Abruf am 27.06.09
Kommission der EG (2008)	Bericht der Kommission an das Europäische Parlament und den Rat, vom 23.07.2008, http://ec.europa.eu/dgs/secretariat_general/cvm/docs/bulgaria_report_20080723_de.pdf, Abruf am 26.06.09

Kommission der EG (2009)	Zwischenbericht der Kommission an das Europäische Parlament und den Rat, vom 12.02.2009, http://eur-lex.europa.eu/LexUriServ/LexUriServ.do?uri=COM:2009:0069:FIN:DE:PDF, Abruf am 26.06.09
Kostova, S. (2007)	European challenges to the Bulgarian retail industry and Korea's experience in international retailing, http://www.unwe.acad.bg/docs/events/Kostova%20European%20Challenges%20to%20The%20Bulgaran%20Retail%20%20%20%20%20%20 Industry.doc, Abruf am 24.04.09
KPMG (2004)	Internationalisierung im Lebensmitteleinzelhandel, http://www.lz-net.de/studien/pages/show.prl?id=52, Abruf am 17.04.09
Kreditschutzverband von 1870 (2008)	Country Report für Investoren und Exporteure Bulgarien, http://www.ksv.at/KSV/1870/de/pdf/931LeitfadenBulgarien.pdf, Abruf am 26.04.09
Metro AG (2008)	Metro-Handelslexikon 2008/2009, Düsseldorf
Nielsen Media Research (2009)	Pressemitteilung, 14. Januar 2009, http://www.nielsen-media.de/pages/download.aspx?mode=0&doc=608/NM_Above_2008.pdf, Abruf am 13.07.09
Projektgruppe Gemeinschaftsdiagnose (2009)	Im Sog der Weltrezession, Frühjahr 2009, http://www.cesifo-group.de/download/kprog/GD-20090423-lang.pdf, Abruf am 23.06.09
Roland Berger & Partner (1998a)	Total Cost Management-Ansatz, zitiert bei Eggert, U. (1998), *Der Handel im 21.Jahrhundert,* Düsseldorf, Regensburg, S. 136 Bemerkung: Eine präzisere Quellenangabe ist nicht möglich.
Roland Berger & Partner (1998b)	Stringentes Leistungsmix am Beispiel Aldi, zitiert bei Eggert, U. (1998), *Der Handel im 21.Jahrhundert,* Düsseldorf, Regensburg, S. 137 Bemerkung: Eine präzisere Quellenangabe ist nicht möglich.

Rudolph, T. (2000)	Erfolgreiche Geschäftsmodelle im europäischen Handel, in: Thexis-Fachbericht für Marketing, Nr. 2000/3, St. Gallen
Transformity Brand & Marketing Consulting (2009a)	Bericht über das Geschäft mit FMCG in Bulgarien, Juli 2009, Sofia
Transformity Brand & Marketing Consulting (2009b)	Karte mit Filialstandorten der führenden Lebensmitteleinzelhandelsunternehmen in Bulgarien, Sofia
Transformity Brand & Marketing Consulting (2009c)	Karte mit bulgarischen Städten mit mehr als 20.000 Einwohnern, Sofia
Verbraucherschutzgesetz (2005)	Закон за защита на потребителите, Обн. ДВ. бр.99 от 9 Декември 2005г., http://www.bcnl.org/doc.php?DID=61, Abruf am 21.07.09
Wirtschaftskammern Östereichs (2008)	Steuersätze, http://www.wko.at/statistik/eu/europa-steuersaetze.pdf, Abruf am 15.07.09
Zentralverband der deutschen Werbewirtschaft (ZAW) (2009)	Werbung in Deutschland 2009, Berlin
Zentrale Wahlkommission (2009a)	Parlamentarische Wahlen 2009 [Парламентарни избори 2009], Wahlergebnis [Резултати], Mandate [Мандати], http://rezultati.cik2009.bg/results/mandates/rik_00.html, Abruf am 29.08.09
Zentrale Wahlkommission (2009b)	Parlamentarische Wahlen 2009 [Парламентарни избори 2009], Wahlergebnis [Резултати], Wahlergebnisse in Prozent [Пропорционален вот], http://rezultati.cik2009.bg/results/proportional/rik_00.html, Abruf am 29.08.09

Beiträge aus dem Internet:

Aldi-Süd (2009a)	http://www.aldi-sued.de/de/html/company/organisationsstruktur.htm, Abruf am 12.07.09
Aldi-Süd (2009b)	http://www.aldi-sued.de/de/html/company/5271.htm, Abruf am 12.07.09
Aldi-Süd (2009c)	http://www.aldi-sued.de/de/html/company/gesellschaften.htm, Abruf am 25.08.09
Hielscher, H. (2008b)	Wo Aldi, Lidl und Co. ihr Geld verdienen. in: Wirtschaftswoche, 07.05.2008, http://www.wiwo.de/unternehmer-maerkte/neue-maerkte-im-osten-291578/, Abruf am 02.06.09
Lidl (2009)	Führungsgrundsätze, http://www.lidl.de/lidl/lidl_de/images/images_content/02_Fuehrungs_02.gif, Abruf am 29.08.09
Piccadilly (2009a)	http://www.piccadilly.bg/history.php, Abruf am 20.08.09
Piccadilly (2009b)	http://www.piccadilly.bg/brand.php, Abruf am 20.08.09
Piccadilly (2009c)	http://www.piccadilly.bg/news.php?open=120, Abruf am 20.08.09
Piccadilly (2009d)	http://www.piccadilly.bg/news.php?open=109, Abruf am 20.08.09
Röniger, O. (2005)	Spatial Business Intelligence: „Eine Karte sagt mehr als 1.000 Zahlen ...", S. 1 – 7 , http://www.oracle.com/global/de/corporate/presse/veroeffentlichungen/geobyte_spatial.html?_template=/ocom/ocom_item_templates/global/global_print, Abruf am 14.07.09
Transparency International (2001)	Corruption Perceptions Index 2002, http://www.transparency.org/policy_research/surveys_indices/cpi/2001, Abruf am 26.06.09

Transparency International (2002)	Corruption Perceptions Index 2002, http://www.transparency.org/policy_research/surveys_indices/cpi/2002, Abruf am 26.06.09
Transparency International (2003)	Corruption Perceptions Index 2003, http://www.transparency.org/policy_research/surveys_indices/cpi/2003, Abruf am 26.06.09
Transparency International (2004)	Corruption Perceptions Index 2004, http://www.transparency.org/policy_research/surveys_indices/cpi/2004, Abruf am 26.06.09
Transparency International (2005)	Corruption Perceptions Index 2005, http://www.transparency.org/policy_research/surveys_indices/cpi/2005, Abruf am 26.06.09
Transparency International (2006)	Corruption Perceptions Index 2006, http://www.transparency.org/policy_research/surveys_indices/cpi/2006, Abruf am 26.06.09
Transparency International (2007)	Corruption Perceptions Index 2007, http://www.transparency.org/policy_research/surveys_indices/cpi/2007, Abruf am 26.06.09
Transparency International (2008)	Corruption Perceptions Index 2008, http://www.transparency.org/policy_research/surveys_indices/cpi/2008, Abruf am 26.06.09

Informationen aus Interviews:

Kolev, V. (2009)	E-Mail-Schriftwechsel mit Herrn Vladislav Kolev (GfK Bulgaria) von 24-27.07.09 (s. Anl. 43)
Yankova, I. (2009)	Telefonisches Interview mit Frau Irena Yankova (GfK Bulgaria) vom 24.07.09 (s. Anl. 42)

Sascha Giesche

Interkulturelle Kompetenz als zentraler Erfolgsfaktor im internationalen Projektmanagement

Diplomica 2010 / 148 Seiten / 39,50 Euro

ISBN 978-3-8366-9109-3

EAN 9783836691093

In der modernen Wirtschaftswelt hat die Entwicklung von Unternehmen von einem lokalen hin zu einem globalen Kontext eine hohe und weiterhin steigende Bedeutung. Unternehmen sichern ihre Wettbewerbsfähigkeit durch Kooperationen, Fusionen oder Übernahmen sowie der Etablierung in neuen (Auslands-)Märkten. Diese Entwicklungen geschehen zum großen Teil im Rahmen international besetzter Projekte. Vom Erfolg dieser Projekte hängt zudem in entscheidendem Maße der Erfolg dieser Unternehmen und ihrer Weiterentwicklung ab.

Einen zentralen Erfolgsfaktor stellt dabei die interkulturelle Kompetenz der Projektmanager und Projektmitarbeiter dar. Dieses Buch beleuchtet mögliche Probleme im internationalen Projektmanagement und geht im Detail auf dem Bereich der interkulturellen Kompetenz als Erfolgsfaktor ein.

Ein praktischer Bezug wird durch die Darstellung einiger Trainingsangebote des offenen Marktes hergestellt, am Beispiel derer die erarbeiteten Erfolgsfaktoren überprüft werden. Die Untersuchung erfolgt vorrangig anhand im Internet zugänglicher Trainingsunterlagen und bleibt damit für den Leser nachvollziehbar.